박행일 시인 제2 산문집

데카르트,
강물은 제대로 흐르고 있는가

저자 박 행 일

圖書出版 修書院

이 도서의 국립중앙도서관 출판시 도서목록(CIP)은 서지정보유통지원시스템 홈페이지(http://seoji.nl.go.kr)와 국가자료공동목록시스템(http://www.nl.go.kr/kolisnet)에서 이용하실 수 있습니다(CIP제어번호 : CIP2017031272).

머리말

수필 작품은 작가가 일상생활에서 얻은 진심어린 삶들의 옹골진 표현이다.

나는 삶의 심연心蓮을 진솔하게 쓰려고 애썼다. 다만 수필의 틀에 지나치게 얽매이지 않고 자유롭고 다양한 내용과 틀을 넘나들고 싶었다. 그래서 넓게 '산문집'이란 이름을 붙였다.

문학은 나에게 삶의 본질을 추구하는 인간학이었다. 그래서 나의 붓은 이런저런 화두를 잡고 고뇌했다. '제대로 살고 있는가?' '어떻게 살 것인가?' '누구와 더불어 살 것인가?' '나의 이상 실현은 …' 등의 글제들 앞에서 묻고 답하기를 거듭했다. 까닭은 한 번뿐인 삶이기에 어울렁 더울렁 살 일이 아니라 제대로 곱씹어 그 맛과 향기를 음미하고 싶은 욕망에서다.

그간 문학의 엄청난 에너지는 나를 매료시켜 왔다. 즉 나의 절망을 희망으로, 분노를 웃음으로, 가난을 부유함으로 인도했다. 또 내 삶의 허무를 맑고 깊은 사랑으로 보듬는 기회를 하나둘 찾아주었다.

그로 나는 문학창작을 통해서 인간 삶에 의식의 폭을 넓혀 왔다. 행여 글의 행간 속에서 조금의 울림이라도 독자와 함께 한다면 나는 그간의 애쓴 보람으로 간직하려 한다.

갈무리로 책이 나오기까지 울력이 되어준 광나루문학회 박도영 선생님과 정기용 회장님 그리고 회원님들께 고마움을 표합니다. 또한 이 글들이 독자들과 사유의 연을 맺어 마음 여백에 온기가 함께 하길 진심으로 소망합니다.

2017. 11.

서울 북한산 기자촌 서재에서 청파 **박 행 일** 씀

차 례

제2부 특별한 인연, 특별한 삶

제3부 데카르트, 강물은 제대로 흐르고 있는가

제4부 겨울에도 꽃은 화려하게 핀다

제5부 차향茶香 속에 담론談論들

제6부 사랑할 때는 누구나 아름다운 시를 쓴다

제7부 절대로 굴복하지 마라

제 1 부
세상을 따뜻하게 하는 무늬

나의 소유론
한 시간 반의 행복
파랑새를 찾아서(2)
세상을 따뜻하게 하는 무늬
함께 산다는 의미
어머니의 유산
어떻게 살 것인가
나의 애송시

나의 소유론

소유는 인간의 본능적 욕망이다.

그런데 고려 말 학자 이곡은 소유에 대하여 『가정집稼亭集』의 「차마설借馬說」에서 이렇게 주장했다.

'임금은 백성의 힘을 빌려서 부귀한 자리를 가졌고, 신하는 임금의 권세를 빌려 귀함을 누리며, 아들은 아비로부터, 지어미는 지아비로부터, 비복은 상전으로부터 힘을 빌려 소유하고 있다. 이 모두가 빌린 것으로 언젠가 잠깐 사이에 원래 자리로 되돌아간다.'라고 했다.

그렇다. 사람이 소유한 모든 것은 유한적 시간 동안 관리할 뿐, 영원히 자신의 것일 수는 없다. 그러니 사물에 지나치게 집착하지 말며, 교만하지 말고, 항상 겸손하고 베푸는 일에 인색하지 말라는 뜻이 이곡의 메시지다.

나는 이를 부정할 생각은 없다.

그러나 '황금은 어리석은 자를 잘난 자로, 겁쟁이를 용기 있는 자로, 도적을 귀족으로, 그리고 창녀를 숙녀로 만든다.'라고 한 셰익스피어의 말처럼 예나 지금이나 우리는 물질 앞에 염치를 잃고 산 지 이미 오래다.

현대 삶에 우리의 물질적 성장은 대단히 요긴했다. 그래서 우리는 고성장으로 인하여 많은 것들을 소유하게 되었다. 그로 얼마간의 행복도 얻었다. 그러나 성장만큼 우리의 행복지수가 높아지지 않는 모양이다. OECD 34개 회원국 중에 자살률 1위, 산재사망률 1위, 노동시간 2위, 출산율 꼴찌가 우리의 현주소라 한다. 우리 앞에 고성장이 남긴 후유증이 짙게 드리워져 괴롭힘을 주는 실정이다. 과연 경제성장이 우리를 행복하게 하고 있을까?

미국 스탠퍼드대 티보르 스키토프스키 교수의 말처럼 '기쁨 없는 경제' 수치인지 모른다. 행복 없는 경제, 즐거움 없는 경제는 아닌지. 그는 특히 2만 불 시대가 넘어가면 '돈과 행복은 별로 상관없다. 만족은 대개 경제학의 영역 밖에 있다'고 주장했다. 이 말은 생존의 삶에서 질적 삶의 전환을 위해 한 번은 새김질해 볼 일이다.

그간 물질은 우리들에게 많은 것을 제공했다. 그로 인하여 그것이 생활에 편리함을 주어 가난의 고통을 덜어주었고, 어느 정도 행복을 주기도 했다. 그러나 그것으로 행복을 완전히 살 수는 없었다. 우리는 많은 재화를 소유하기 위해 엄청난 노력을 해왔다. 그런데 소유한 재화만큼 행복하지는 않았다. 재화와 행복을 놓고 오랫동안 의미 잃은 추격전을 벌려오지는 않았는지, 이제 합리적 의심을 할 때가 되었다.

2014년 미국의 사이트 더 리치스트 닷컴이 미국에서 가장 많이 자살하는 직업 상위 열 개를 소개했다. 1위가 의사, 2위가 치과 의사다. 3위 금융종사자, 4위 변호사, 5위 경찰관… 등의 순이다. 결과는 의외다. 대체로 고수입자로 소유한 것이 많은 그들이 경제적 안정으로 부러움의 대상인데 왜 자살률이 높을까? 까닭은 스트레스를 많이 받는 직업 순이라 한다. 특히 의사는 의료사고 등으로 오는 스트레스가 너무 심하기 때문이란다. 이는 미래 스트레스를 많이 받고 살 우리 사회의 삶을 짐작케 하는 일면이기도 하다.

흔히들 말하는 행복의 조건은 다른 곳에서 찾을 수 있다. 즉 건강한 육체와 정신, 가족과 이웃의 올바른 관계로 오가는 인정과 사랑, 평화로운 마음과 자유와 믿음, 자신의 이상 실현을 위해 행하는 즐거움 등이다. 이런 조건들이 경제적 여유에서 얻는 행복보다 앞선다는 이야기다.

그런데 물질의 부유는 현대인이 바라는 로망 중에 로망이다. 나 역시 재화가 삶의 전부가 아니라면서도 재화에 허기를 느끼며 살아온 날이 더 많았다. 이 아이러니함을 어찌 설명해야 할 것인가.

그런데 많은 재력가들이 자신이 모은 돈으로 재단을 설립하여 교육, 문화, 복지사업으로 다시 사람들에게 되돌려주는 일로 행복을 재생산하고자 한다. 이는 물질은 수단 방법일 뿐 그것으로 완전히 행복할 수 없다는 사실을 재확인할 수 있는 대목이다.

Y양행 창업주는 생전에 "기업은 사회가 나에게 맡겨준 것일 뿐, 내 소유는 아니다. 나는 자녀들에게 대학 학비는 주겠지만 너희가 대학을 졸업한 후에는 내가 돈으로 도와줄 게 있다고 생각하지 마라. 그것은 너희들의 인격과 능력을 무시하는 처사가 아니겠느냐"라며 전 재산을 사회에 환원하여 장학재단을 설립하고 떠났다.

이와 반대로 어떤 집안은 부모가 돌아가기가 무섭게 형제들끼리 부모 재산을 놓고 떼 싸움을 하는 일을 종종 본다. 그들은 돈만 보였지 부모의 정신도 형제애도 인정도 사랑도 인간의 도리도 보이지 않았다. 이는 부모가 물질적 유산만 남길 줄 알았지, 자식들에게 바른 정신적 유산을 넘겨주지 못한 결과로 보인다.

우리가 그간 헝그리 정신으로 이룩한 경제적 성장이 삶의 질을 향상시킨 일면이 있음은 분명하다. 그런데 그 소유만큼 정신적 성숙이 가미되지 않으면 인간적 행복으로 완전히 바꿔주지는 못함도 분명하다. 그렇다면 진정한 소유의 참된 의미는 무엇일까?

미국의 한 여기자가 라듐을 발견한 마리 퀴리 부인에게 "당신은 무엇이 소원이십니까?"하고 질문을 던졌다. 퀴리 부인은 "1그램이라도 연구를 위해서 마음대로 쓸 수 있는 라듐이 소원입니다."라고 답했다. "아니, 라듐을 발견한 당신이 라듐을 소원하면 어찌합니까?"하고 되물었다. "우리가 가지고 있던 1그램의 라듐은 꼭 필요한 연구소에 기부했습니다."

나는 퀴리 부인의 이 말 속에서 다시 한 번 참된 소유는 꼭 필요한 사람에게 주어지는 것이란 생각을 하게 되었다. 그렇다면 진정 내가 원하는 행복한 소유는 무엇일까? 나는 곰곰이 생각을 거듭해 본다.

나는 지금 시인으로서 행복을 넉넉히 느낄 시 한 편 창작하여 암송하는 일을 절절이 원한다. 나는 그런 시를 소유함으로 독자들과 함께 오랫동안 즐거움과 행복감을 공유하고 싶다.

한 시간 반의 행복

나는 이른 아침에 산행하기를 좋아한다.

얼마 전 건강에 문제가 생겨 한강 둑길을 산책하다가 산과 공기 좋은 곳을 찾던 중, 북한산 기슭 기자촌으로 둥지를 옮겼다. 공원을 껴안고 앉은 산세가 아름다워 산책하기 좋다는 입소문에 몇 번의 답사 후에 결행했다.

나의 발걸음은 오늘도 북한산 향로봉을 향하는 경사진 길을 천천히 오른다. 일찍 산길을 오르다보면 가슴 깊이 파고드는 아침 공기가 내 마음을 한없이 맑고 시원스럽게 해 준다.

이른 시간 북한산에는 나보다 먼저 아침을 맞이한 자연의 물상들이 다들 분주하다. 특히 높푸른 숲에 산새들이 곳곳에서 나를 반긴다. 멀리서 뻐꾸기가 봄기운에 겨워 뻐꾹뻐꾹 노래한다. 그리고 조금 더 오르면 까치 떼들이 요란스럽게 나를 맞는다. 또 여기저기서 산 꿩들이 꿩꿩 애타게 짝들을 부른다. 점차 싱그러운 숲을 찾아 오르면 구-꾸구-꾸욱 산비둘기들의 소리도 은밀하다. 그리고 여기저기 작은 새들이 바쁘게 날개깃을 파닥이며 오간다. 다들 이른 아침 봄기운을 이기지 못한 새들의 즐거운 몸짓들이다.

나는 북한산 숲속 새들의 노래와 함께 이렇게 하루를 맞는 셈이다. 시원한 산바람에 생동감이 넘실거리는 나뭇잎들, 여기저기 숲의 온갖 정령들이 푸른 미소로 나를 반긴다. 산은 온통 숲의 은밀한 숨결과 새들의 노랫소리와 풀벌레 소리가 어우러져 아침을 예찬하는 교향곡인 양 앙상블을 이룬다.

이 시원한 산행의 즐거움은 오직 산을 일찍 오르는 사람에게만 주는 자연의 특혜리라. 한참을 오르다 보면 어느덧 나도 산에 동화되어 오롯이 자연의 일부분이 된다.

사오십 분 남짓 걷다 보면 등 굽은 소나무들로 에워싼 쉼터가 나를 맞는다. 청량한 솔향기 은은한 곳에서 가쁜 숨을 몰아쉬다가 아래를 굽어보면 연무 속에 안긴 경관이 한 폭의 동양화를 연상하게 한다. 또 자연의 신비한 그 모습들을 감상하고 있으면 언제 뒤따라 왔는지 산비둘기가 쫓아와 나뭇가지에 앉아 곁눈질을 한다. 자신을 해하지 않을 자임을 확인하고는 제 할 일에 열중이다. 또한 노란 다람쥐가 분주히 이곳저곳에서 숨바꼭질하기에 바쁘다. 연이어 청설모가 뒤따라와 나무 위를 오르내린다.

나는 아침 산행을 즐길 때면 하루하루 새롭게 변모하는 자연의 모습을 발견하곤 그 예술적 정감에 경탄한다. 그래서 나는 산을 마냥 사랑한다. 산과 내가 하나 될 때, 산은 언제나 나의 친구이자 연인이다.

나는 이 시간만은 한없이 한가롭고 자유로운 영혼이다. 명예도 권력도 재물도 부귀영화의 욕망에서 벗어나 오직 자연 속에 동화된 나!

인간이 만물의 영장이라는 말은 사람들이 괜히 꾸민 허구일 뿐이다. 나 역시 엄연히 자연 속에 생존하는 한 생명체로 그들과 함께 이른 아침을 맞아 즐길 뿐이다. 또한 높게 솟은 소나무들 사이사이 눈부신 아침햇살이 부챗살처럼 내릴 때면 새색시 수줍은 눈길같이 청순함에 신비감마저 느낀다. 그래서 단테는 아름다운 자연의 모습을 보고 '자연은 신의 예술'이라 했던가!

산에 비하여 사람들은 지나치게 이기적인 뾰롱뾰롱한 존재들이다. 자신들을 위대한 존재인 양 포장해 놓고 산다. 조간신문 기사들을 보면 삶이 너무나 복잡다단하고 온갖 사건들로 요란스럽다.

그런데 산은 수많은 생명체들이 한 곳에서 얽히고설키어 사는 데도 언제나 평온하고 마냥 여유롭다. 그리고 인간은 '탄생과 삶과 죽음'이란 단어들을 지나치게 망상적으로 표현한다.

산은 그저 신비한 탄생의 소리도 요란한 삶도 죽음을 안타까워하는 곡소리도 없다. 산은 나고 죽는 일을 자연스러운 이치로 평온하게 갈무리한다. 그런데 인간은 자신들의 탄생을 너무 신비주의로 포장하거나, 삶을 지나치게 복잡다단하게 얽어 놓고 집착한다. 특히, 죽음은 두려움과 공포 심리로 포장해 놓아 요란스럽다.

그에 비하여 산에서 일어나는 생명체들의 생로병사는 당연하고 자연스러운 이법이다. 그들에게 죽음은 두려움과 공포의 대상이 아니다. 그저 자연 순환의 일환일 뿐이다. 그래서 루소는 '자연을 보라. 그리고 자연이 가르치는 길을 따라 가라'고 했던가.

로마의 시인 유베날리스는 '인생의 종말은 자연 은총의 하나다'라고 했다. 즉 죽음도 생명 탄생과 다르지 않은 자연 순환의 일환일 뿐이다. 나는 대자연 앞에서 인간의 시계視界가 너무 아둔하다 할 만큼 자아 중심적이라는 생각을 한다.

산은 사람들이 행복감을 한껏 담아가도 시비하지 않는다. 또 그 누구도 미워하거나 시기 질투하지 않는 산! 한없이 넓고 깊은 가슴으로 모두를 순하게 품고 반기는 산! 이 평화로운 아침 내 마음이 마냥 닮고 싶은 산의 푼푼한 모습이다.

나는 다시 산길을 내려오면서 웅크려 앉거나 서서 숲을 이룬 온갖 나무들과 대화를 즐긴다. 그들의 생명이 어디서 왔으며 어떻게 살다가 언제 어디로 갈 것인가? 그리고 나무와 풀들이 잉태한 꽃과 열매들이 붉게 또는 푸른 자태를 드러내기에 가벼운 미소로 답한다. 그들의 청순한 모습과 풍요로운 마음씨가 작으면서도 마냥 넉넉해 보인다. 나는 왜 이 행복감을 일찍부터 그들과 벗하며 함께 즐기지 못했을까?

내 마음 설레게 하는 한 시간 반의 즐거운 아침 산행 길! 행복이라면 무엇인가 많이 가진 자로 오해되기 쉽다. 그런데 아무것도 가진 것 없이 산 속으로 걸어 들어온 나에게 이만큼 즐거운 마음을 한 아름 안고 돌아가게 하는 산의 신비로움! 모든 세속의 욕망들을 가벼이 벗어버리게 한 산! 나는 이 한 시간 반의 행복감에 감사하며, 산이 준 신선한 선물을 가슴에 담고 천천히 하산 길을 밟는다.

오늘 따라 숲의 청순한 푸른빛 미소가 아침햇살에 찬란하다.

파랑새를 찾아서(2)

벨기에의 극작가 '모리스 마테를링크'가 말한 파랑새를 찾아 나의 가족은 여행을 떠나기로 했다.

가족들의 마음에 행복을 주는 파랑새를 만나기 위해서다. 인천공항을 출발하여 인도네시아 가루다공항으로 가는 길, 비행기 창가에 펼쳐진 하얀 구름밭을 굽어본다. 인도양에 있는 아름다운 발리섬에 일주일 여정으로 떠나는 대가족 여행, 가족은 언제나 따뜻한 둥지 속의 정겨운 사람들이다. 웃음도 눈물도 즐거움도 아픔도 함께 하는 가족들! 때로는 섭섭한 일도 가족이란 이름 하나에 다 녹여버리기 일쑤다.

김수영 시인의 「가족」이란 시를 읊조린다.

제각각 자기 생각에 빠져 있으면서 / 그래도 조금이나 부자연한 곳이 없는 / 이 가족의 조화와 통일을 / 나는 무엇이라고 불러야 할 것이냐 / 차라리 위대한 것을 바라지 말았으면 / 유순한 가족들이 모여서 / 죄 없는 말을 주고받는 / 좁아도 좋고 넓어도 좋은 방안에서 / 나의 위대한 소재를 생각하고 더듬어보고 짚어보지 않았으면

우리 부부는 아들, 딸 가족들과 대가족 여행을 자주 다니려고 노력

하는 편이다. 현대는 핵가족화로 한집에 살지 않는 형편이라 때로는 소원해지기 쉽다. 그래서 연휴나 방학 때를 이용하여 가끔 여행하기를 좋아한다.

이번에는 장시간 해외에서 함께하는 가족여행이다. 아들 딸 며느리 사위 손자손녀들 그리고 우리 내외 등 열 명의 대가족이 일주일 여정으로 떠나는 여행길이다. 휴가 날짜를 맞추기가 여간 힘들지 않았다. 특히, 우리 부부는 건강으로 왕복 12시간의 비행을 염려했는데, 자식들의 배려로 비즈니스 석을 이용하여 편히 오가는 혜택까지 누려 다행이었다.

여행은 일상생활에서 벗어나 새로운 세계에 대한 많은 설렘과 기대감으로 새 삶을 위해 필요한 활력소이기도 하다. 내가 외국 여행 중 관광하느라고 비지땀을 뻘뻘 흘릴 때, 햇볕을 등지고 앉아 편안히 책을 읽는 여행객을 보고 '참 여유롭고 행복한 사람들'이란 생각을 한 적이 많다. 또 가끔 호텔 풀장에서도 몇 시간 동안 독서하는 유럽인들의 모습에서 새 삶의 에너지를 찾아 독서를 일상화하는 그들의 삶이 부러웠다. 나도 이번만은 그 꿈이 현실이 되는 호사를 은근히 누려보고 싶었다.

자식들의 치밀한 여행계획 덕택에 우리 부부는 여유로움 속에서 즐거운 시간을 가질 수 있었다. 호텔에 여장을 풀자 풀장 옆에 '카바나' 셋을 빌려 제각각 자유롭게 수영하고, 한가로이 담소를 즐기며 사색과 독서를 즐겼다.

나는 현실의 벽을 넘어 시원한 야자수 그늘 아래 마음 편히 이국의 정취를 한껏 맛보는 가족여행이 마냥 즐거웠다. 너나없이 삶이 호락

호락하지 않은 현실, 다들 겪는 치열한 직장생활은 더더욱 각박하다. 우리는 일상의 무거운 짐들을 내려놓고 자유를 마음껏 만끽했다. 자녀들 모두 심신의 피로가 풀리는 듯 마냥 여유로운 모습에 우리 부부도 덩달아 흐뭇함을 느꼈다.

남부 열대지방 특유의 맑은 하늘, 야자수 나무 숲과 어울려 남국의 정취를 느끼게 하는 정갈한 호텔 정경이다. 물이 파란 속살을 보이듯 깨끗한 풀장들, 그 앞에 펼쳐진 넓은 바다에 쉼 없이 오가는 하얀 파도와 요트들과 저녁 놀빛은 자연의 아름다운 풍광을 한껏 뽐내는 듯했다.

또 온 가족이 한 식탁에서 이국의 풍성한 음식들을 맛보며 즐겁게 나누는 대화에 정겨움을 더했다. 밤이면 금방이라도 쏟아질 것 같은 무수한 별들을 바라보면서 우리는 시간 가는 줄 모르고 서로의 소망들을 주제 삼아 풍성한 이야기를 나누었다.

아침이면 구름 사이로 솟아오르는 해돋이의 햇귀에 찬사가 절로 일었다. 많은 관광객이 애써 이 섬을 찾아오는 연유를 알만했다. 고갱이 타히티 섬에서 검게 탄 원주민 처녀들의 넘치는 생명력을 원색적인 화폭에 담은 이유도 이제야 알 것만 같다.

'자기 둥지를 더럽히는 새는 비열한 새'라는 말처럼 가족이란 참 특별한 의미를 가진다. 모두 자신보다 가족을 먼저 배려하고, 스스로 제 할 일을 찾아 척척 잘도 해나가는 모습에 내 마음은 뿌듯했다. 작은 배려에도 감동하고 고마워하는 가족애를 백 번 설명한다한들 이보다 더 가족의 사랑을 몸소 느낄 수 있는 기회는 없으리라. 끈끈한 혈육의 정을 확인하며 애정을 갖는 데는 함께하는 여행이 최상이 아닐까. 그리고 두고두고 훗날에 남을 아름다운 추억의 스펙들을 쌓는데 이보다 좋은 게 있으랴!

가족이란 정녕 무엇인가? 펄벅은 '가족은 인간의 대지大地다'라고 했다. 가족은 인간을 한없이 품을 수 있는 땅이 아닌가. 그곳은 심은 대로 싹이 돋아 사랑한 만큼 열매를 맺기 마련이다. 사랑을 심으면 사랑이 되고, 믿음을 심으면 믿음의 대지가 된다.

여행은 삶을 다시 한 번 돌아보는 귀중한 시간이기도 하다. 삶이 무엇이며, 어떻게 살아왔으며 어떻게 살아갈 것인가를 생각하는 여백의 장이다.

우리 부부는 무의식적으로 동심에 눈높이를 맞추어 손주들과 시간 가는 줄을 모르고 오랫동안 이야기와 놀이로 즐거움을 함께 나눴다.

나는 한가로이 사색하고 독서하며 짬짬이 글도 썼다. 또 독서는 또 다른 여유에서 오는 즐거움을 주는 선물이기도 했다. 그리고 틈틈이 넓은 바다와 맑은 하늘과 잘 어우러진 절경들을 보면서 호연지기浩然之氣 기운도 만끽했다. 또한 여행은 새로운 삶을 창조하는 동력이다. 가족들은 모두 여행에 만족감을 느낀 듯하다. 새로운 활력소를 기대하며 다음 여행지에 의견을 모아두었다. 발리에 아름다운 추억의 흔적들을 남겨둔 채 떠날 때는 하늘과 바다도 못내 아쉬운 빛이다.

나는 지금 모리스 마테를링크가 말한 파랑새를 찾아 함께 돌아오는 길이다. 나의 아내와 아들과 며느리, 딸과 사위 그리고 손주들이 애타게 찾고 있던 나의 파랑새란 사실을 다시금 확인하는 여행이었다. 남은 시간을 이 파랑새들과 함께 한 둥지에서 온기를 나누며 살고 싶다.

세상을 따뜻하게 하는 무늬

세상에 따뜻한 온기를 불어넣는 일은 인간 최상의 선행이다.

석가는 "나에게 돈을 놓고 명복을 빌지 말고, 너희가 참으로 나를 믿고 따른다면 내 가르침을 실천하라. 어려운 중생을 도와주는 사랑이 나의 뜻이다. 나에게 공양하려거든 저 길거리를 헤매는 굶주린 사람을 돕는 일이 나한테 공양함과 같다."라고 했다. 진정한 공양의 의미를 생각하게 하는 설법이다.

또, 구약성서에서는 "자선慈善을 베풀 때는 오른손이 하는 일을 왼손이 모르게 하여 그 자선을 숨겨 두어라. 그러면 숨은 일도 보시는 네 아버지께서 갚아 주실 것이다."라고 했다. 즉 자선은 오직 마음의 미덕이지, 외형적 미덕은 아니라는 의미다.

또한, 유대인들도 "아무도 보지 않는 곳에서 남에게 베푸는 자는 모세보다 위대하다."는 말을 했다. 엄히 말하면 돕는 일은 내가 가진 것을 다른 사람에게 주는 일이라기보다 또 다른 나에게 베푸는 일과 같다는 의미다.

어려운 사람들을 돕는 선행은 사람이 할 수 있는 최선의 미덕임이 틀림없다. 그런데 그 아름다운 일도 지혜로움을 더해야 좋은 결과를 낳는다. 뽐내는 듯, 선심을 쓰는 듯, 큰 자비를 베푸는 듯이 생색을 내며 도와서는 아니 된다는 것이 공통된 견해다. 또한 무조건 돕는다고 다 도우는 선행은 아닌 듯하다.

간디는 그의 저서에서 “헐벗은 사람에게 옷을 주어 자존심을 상하게 하지 말고, 일자리를 주어 옷을 사 입도록 도와주라.”고 했다. 또 그는 열차를 타고 가다가 신발 한 짝을 떨어뜨리고 말았다. 그때 그는 재빠르게 남은 신발 한 짝도 벗어 같이 던졌다. 옆 친구가 까닭을 묻자 “그래야 다른 사람이 신발 한 짝을 주워 신지 않겠느냐”고 했다. 그는 자신의 잃어버린 신발을 두고도 언제나 이웃을 진심 어린 마음으로 헤아렸다.

내가 캄보디아에 갔을 때 일이다. 한 농촌 마을을 찾았을 때, 아이들이 뒤따라 다니며 노래를 부른다. 일행이 귀여워 돈을 주었더니 안내자가 절대로 돈을 주지 말라고 당부한다. 까닭은 아이들 아버지가 온종일 땀 흘려 일을 해서 받는 하루 일당이 2달러 남짓이라 한다. 그런데 이들이 하루에 10달러 이상을 구걸해서 집으로 돌아가니, 그 부모들이 아이들을 학교에 보내지 않고 이곳으로 내몬다는 게다.

결국 우리가 선한 마음으로 돕는 선행이 아이들을 평생 까막눈이 되어 구걸하는 자로 만든다는 얘기다. 이처럼 돕는 일도 지혜롭게 행하지 않으면 오히려 불행하게 하는 먹구름이 된다. 무조건 돕는다고 다 선행이 되는 일은 결코 아님을 일깨워주는 대목이다.

흔히 자식이 귀하다 하여 줄 것 다 주고, 쉽게 주어서 아니 될 것들까지 마구 주기도 한다. 그래서 게으른 자로, 안하무인격의 무례한 자로, 혹은 타락한 자식이 되어버리는 경우가 흔하다.

돕는 일은 잘 살도록 하는 선행이다. 혹시 돕는 일이 상대를 더 곤궁하게 만들거나 더 게으른 사람으로 만드는 일은 아닌 지 생각해 볼 일이다. 행여 나의 자선이 상대를 안일함과 교만으로 빠뜨리거나 타락된 사람으로 만드는 올무가 되어서는 아니 될 일이다.

물론 일을 할 수 없는 장애자와 노약자를 돕는 일은 논외로 할 일이다. 진정한 복지는 일하는 보람으로 삶의 질을 높여 그 가치를 함께 하는 방향으로 만들어야 한다.

사람을 바꿀 수 있는 가장 강력한 힘은 무엇이라 해도 사람의 정신력이다. 홀로 스스로 일어설 수 있는 정신적 힘을 도와주는 일이 최선의 선이다.

나는 남을 돕는 일은 최상의 선행이라 생각한다. 그러나 그 일도 때로는 깊이 생각하며 지혜롭게 행해야 진정한 선행의 무늬가 된다. 나는 이 점을 캄보디아 아이들로부터 보고 깊이 깨닫는 계기가 되었다.

함께 산다는 의미

'사랑하는 사람과 사는 데에는 하나의 비결이 있다. 그것은 상대를 달라지게 하려고 해서는 안 된다.'

이는 프랑스의 소설가 J. 샤르돈의 말이다. 그는 젊은 남녀의 정열적인 연애보다 부부 간에 애정이야말로 인간적 삶의 진실성이 자리하고 있음을 확신했다.

그의 처녀 장편 소설 『축혼가祝婚歌』에서는 결혼생활이 서로 행복을 추구하면서도 여러 사연으로 고뇌에서 벗어나지 못하는 인간상을 잘 묘사했다. 상대를 내가 생각하는 사람으로 강요한다면 사랑하는 이를 점차 잃어버리는 일이 된다. 그래서 그는 사랑하는 사람을 있는 그대로 사랑하는 것을 참된 사랑으로 보았다.

부부란 한 짝인 동시에 다른 두 자아다. 이 자아가 결혼생활을 통하여 사는 데는 어려움이 당연히 있기 마련이다. 그때 현실에 제반 문제들을 함께 사랑으로 보듬고 해결 방안을 찾아가는 사람들이 잘 산다.

행여 혼자 자신의 화려한 꿈을 이미 그려놓고, 이를 이룩하기 위해 상대를 원하는 사람으로 바꿔 놓으려고 강요하면 불행해진다. 또한 잘못된 일들을 상대 탓으로 돌리면 심한 갈등은 일어나기 마련이다.

내 생각이 중하듯이 상대의 생각도 중하다. 나의 자존심과 인격이 중하듯 상대의 자존심이나 인격도 마찬가지다. 또 나의 자유가 중요하듯이 상대의 자유도 중하다. 내 자유를 침범하면 싫어하듯이 상대의 자유를 침범하지 않는 범위 안에서 최선을 다하는 일이 부부생활에 지켜야 할 덕목이다. 그런데 나 역시 이 일이 쉽지는 않다.

지금 우리 사회는 많이 서구화되어 국제결혼을 하는 경우가 흔하다. 그들의 결혼생활에서 우리를 잘 엿볼 수 있다. 넥타이는 이런 색깔을 매라, 옷은 이것을 입어라, 음식은 이것이 몸에 좋다 등등 이런저런 사소한 일까지 일일이 자신의 취향에 맞추려 한다. 자신은 이를 부부의 애정이라고 우기지만, 상대는 자신을 지나치게 속박하는 집착으로 싫어한다. 연애시절은 달콤한 애정 어린 언행으로 들리지만, 결혼 후는 피곤한 간섭으로 때로는 자존심까지 상하게 한다고 주장한다.

그런데 나는 지난날 나의 삶을 돌아보면, 지나치게 과욕을 부린 것 같다. 부부의 사랑은 함께 살아가는 일이다. 그저 보고 싶을 때 서로 보고, 이야기하고 싶을 때 이야기하고, 함께 잠을 자고, 의논하고, 차를 마시고, 여행하며 대화를 나누며 살아가는 일이다. 즉 편하게 있는 그대로 서로의 존재를 믿는 것이 순수한 사랑의 시작이다. 특히 자신의 상대를 소유하고자 하는 마음은 진정한 사랑이 아니다. 그것은 상대를 자기화시키기 위한 집착일 뿐이다. 또 상대를 통하여 무엇을 많이 얻고자 하는 것은 사랑이 아닌 욕망이다. 나는 이를 깨닫는 데 오랜 시간이 걸렸다.

트로이 전쟁 때 사령관 용장 프로테실라오스는 헥토르의 화살에 맞아 첫 전사자가 된 라오다메이아의 남편이다. 둘은 결혼 전부터 열애하며 너무나 사랑했다. 그녀는 신혼 초에 남편을 원정 보내고 나서 하도 외롭고 그리워 남편의 납상蠟像을 만들어 침대 속에서 껴안고 잤다. 그런데 남편의 전사 소식이 왔다. 절망한 그녀는 한탄 끝에 신에게 간절히 애원했다. 단 세 시간이라도 좋으니 남편과 함께 하게 해달라고 울부짖었다. 제우스신은 그 애틋한 소원의 소리를 들어 주어, 헤르메스신이 망령 세계로 내려가 그녀 남편의 망령을 찾아 그 납상 속에 넣어 주었다. 납상은 곧 살아있는 남편으로 변했다. 꿈같은 감미로운 세 시간을 함께 보냈다. 그녀는 더 함께 하고 싶은 마음이 간절했다. 끝내 스스로 가슴을 찔러 남편의 망령을 뒤따랐다.

그녀는 아무것도 바라지 않았다. 다만 사랑하는 사람과 함께 사는 게 소원이었다. 그가 얼마나 함께 살고 싶었기에 자신의 귀한 생명까지 던졌을까?

나는 단 세 시간이라도 좋다고 애원한 프로테실라오스의 아내로부터 함께 한다는 의미를 곰곰이 생각했다. 처음 열애할 때 내가 간절히 소원했던 대로 사랑하는 사람과 함께 밥을 먹고, 잠을 자고, 자식을 낳아 키우고, 차를 마시고, 얘기를 나누며 한 가정을 꾸려 살기를 원했다. 그 일이 다 이룩된 것 아닌가. 무엇을 얼마만큼 더 원한다는 말인가.

얼마 전 암으로 아내를 잃은 친구가 술을 마시며 흘린 말이 귓가를 맴돈다. “여보게! 부부가 함께 살아간다는 사실만으로도 얼마나 행복한 삶인지 모른다네. 이제야 내가 바보처럼 그것을 뒤늦게 깨달았다네.”

어머니의 유산

한여름 무더위를 피해 휴가차 강원도 평창 L산장에 여장을 풀었다.

나는 한가로이 조앤 캐슬린 롤랑(영)이 쓴 「해리포트」 작품을 읽다가 차를 마시며 밤하늘을 쳐다본다. 오늘 따라 맑은 하늘엔 아름다운 별들이 총총 밭을 이루어 반짝인다. 이럴 때면 문득 옛날 어머니의 무릎베개에서 들은 별 이야기가 떠오른다.

"애들아! 사람이 착하게 살다가 죽으면 저 밤하늘에 반짝이는 별이 된단다." 그때도 무더운 여름밤이었다. 나는 멍석자리 어머니 무릎베개에서 별을 쳐다보면서 참 아름답다는 생각을 했다. 옆엔 하얀 모깃불 연기가 모락모락 한가로이 피어올랐다.

그때 나는 '나도 착하게 살다가 저 밤하늘에 아름답게 반짝이는 별 하나 되겠다.'고 마음을 다졌다. 그렇게 나는 밤이면 어머니 이야기 따라 별들을 쳐다보면서 상상의 날개깃을 키워나갔다. 그런데 점차 자라면서 현실에 묻혀 상상의 깃털들을 하나둘 잃어갔다.

어느덧 어머니 떠나신 지도 이미 오래다. 지금쯤 어머니는 당신이 늘 사랑하던 저 밤하늘에 별이 되었을지 모른다.

내가 지금 읽는 「해리포트」의 저자 조앤 캐슬린 롤랑도 어릴 때부터 유별나게 별에 대한 상상을 즐겼다고 한다. 그는 결혼한 지 3년 만에 파경을 했다. 딸 하나를 데리고 정부에서 주는 생활 보조금 11만원으로 겨우 연명하며 매일 끼니를 걱정할 정도로 가난했다. 그러나 그녀는 가난 속에서도 상상의 날개를 잃지 않고 펼쳤기에 오랜 시간 행복했다고 한다.

나는 문득 내가 사는 이 지구 또한 저 별에서 보면 하나의 반짝이는 작은 별임이 분명하다는 상상을 하게 되었다.

일만 광년의 어둠 위에 홀로 작은 하나의 빛으로 반짝이는 이 지구! 십만 팔천 킬로로 숨 가쁘게 태양의 주변을 도는 이 지구! 백 오만 종의 온갖 생명체들이 제각각 모양과 색깔들로 옹기종기 살아가는 이 지구! 그 속에 나와 사랑하는 가족과 이웃과 사람들! 얼마나 아름다운 별들일까?

70억 흑·백·황 색깔의 아름다운 남녀들이 작은 하나의 빛으로 반짝이는 지구별! 그들이 주고받는 삶 이야기가 얼마나 아름다울까?

작가 롤랑은 기차를 타고 가던 중 우연히 달려오는 열차를 보고 마법의 기차로 상상하며 작품을 구상했다.

그는 처음 작품을 써 열두 출판사에 연락했다. 모두 거절당하고 한 곳에 계약에 성공했으나 겨우 1,000달러(백만 원 정도)에 불과했다. 그것이 출판 후 7만 권이나 팔렸다. 결국 유명 작품이 되어 시리즈로 8권까지 계속 썼다. 전 세계 67개국 언어로 200여 나라에서 번역 출간되었다. 성경 다음으로 가장 많은 4억 권 이상이 판매되었다. 지금은 그녀가 판권에서 얻은 금액만도 한화로 1조 130억 원 정도로 준재벌이 되었다고 한다.

다들 현실에만 집착할 때, 그녀는 아랑곳 않고 자신만이 좋아하는 상상의 세계에 몰입했다. 그의 작품은 상상과 생생한 묘사로 새로운 세계를 창조 발전시켰다. 그녀의 상상세계는 그에게 엄청난 부와 즐거움과 행복을 안겨다 주었고, 독자들에게는 넓은 세계관과 재미와 행복감을 주었다.

나는 그간 현실만이 내가 사는 유일한 세계이고, 현실에만 행복이 잔존한다고 고집하며 집착했다. 그 속에서만 얻는 즐거움이 진정한 행복이라 생각했다. 나는 어머니가 말하는 상상의 날개짓들은 행복과 거리가 먼 공상세계의 깃이라 여겼다.

나는 그렇지 않음을 뒤늦게 깨달았다. 우리 어머니는 멍석자리에서 자식들에게 하늘에 별 이야기를 들려주는 그 시간만은 한없이 평화롭고 즐겁고 행복했으리라.

특히 문학 작가들은 상상력이 풍부해야 한다. 그들의 시공은 무한히 넓다. 그 상상세계가 오늘의 문화를 창조하는 데 이바지했기에 사람들에게 큰 즐거움과 행복을 주지 않았는가! 나는 상상세계에 대한 가치를 절감했다. 옛날 어머니가 내게 주신 잠재된 내 상상의 날개깃을 되찾아 펼치기 시작했다.

이 지구별에서 살아가는 남녀들! 별에서 보면 얼마나 작고 아름다운 몸짓들일까? 또한 그들이 주고받는 삶 얘기가 얼마나 즐겁고 행복한 이야기들일까? 비록 슬픔과 눈물과 고통인들, 그 모두가 얼마나 값진 인간 삶의 이야기들인가!

나는 어머니가 내게 남긴 '착한별'이 되라는 뜻과 풍부한 '상상력'을 갖고 살라는 의미를 뒤늦게 헤아릴 것 같다. 이는 웬만한 재화로는 계산할 수 없는 어머니가 내게 준 보배로운 유산임이 틀림없다. 그랬기에 그간 나의 의식 속에는 늘 착하게 살려는 마음이 잠재되어 왔는지 모른다. 또한 하늘의 별에서 출발한 상상력이 내 문학작품의 탄생을 도운건지 모른다는 사실을 뒤늦게 깨달았다.

나는 그간 땅에서만 행복을 찾았다. 작가 롤랑은 하늘에서 행복을 찾았다. 나의 어머니도 별에서 행복을 찾으며 살았다. 그러나 나는 보이는 현실에만 지나치게 집착한 나머지 아름답고 풍요로운 상상세계의 행복한 깃털들을 모두 잊고 살아온 셈이다. 그래서 나의 인생과 문학작품은 비상할 수 없었고, 반짝이는 별빛도 낭만의 멋도 없었는지 모른다.

"애들아! 사람이 착하게 살다가 죽으면 저 밤하늘에 반짝이는 별이 된단다." 나는 어머니가 내게 준 이 유산을 다시 되찾아 높고 넓은 하늘을 한껏 비상하고 싶다.

그래서 내 상상의 날개가 문학세계는 물론 별나라까지 펄럭여 옛 어머니 무릎베개의 행복감을 다시 찾아보고 싶다.

어떻게 살 것인가

이웃에 세칭 명문 고교, 대학을 졸업한 후 유학하고 돌아온 여성이 있다. 누가 보아도 세련된 용모에 품행이 단정하고, 말까지 논리 정연하여 똑똑하다는 평을 받는 사람이다. 그런데 결혼한 지 얼마 되지 않아 안타깝게도 이혼을 했다는 소식이다. 사연인즉, 부부 간 성격 차이와 시댁 사람들과 갈등이 원인이라 한다.

혹자는 평소 똑 소리 나는 부부가 매사에 서로 강한 주장을 하다 보니 불화가 생겼다는 입소문이다. 아울러 서양의 문화에 익숙한 그들이 보수적 집안 분위기가 답답하여 처음부터 함께 하기 어려웠을 일이란 후일담도 들려왔다. 아무튼 결과는 지인들의 마음을 무겁게 하는 소식이 되고 말았다.

그런데 나는 행여 부부가 지식을 앞세우고 덕을 소홀히 한 일은 아닐까 하는 의구심을 가졌다. 두 사람은 많이 배운 부부다. 그들은 왜 자신들의 풍부한 지식에서 지혜롭게 사는 방법을 찾지 못했을까? 문득 나는 고구려 평강 공주의 지순한 사랑 이야기가 생각났다.

평강 공주는 지식을 기준으로 오늘날에 비유하자면, 최고 학벌의 지적 수준을 갖춘 엘리트 규수다. 바보 온달은 그렇지 못했다. 그런데 공주는 이런저런 사연으로 바보 온달에게 시집을 갔다. 그녀는 가난한 남편 온달과 눈먼 시어머니의 마음을 얻어 밤낮 궂은일은 물론 문자를 가르치고, 명마를 길러 사냥술을 연마토록 지혜를 모았다. 결국 온달이 고구려의 명장으로 탄생된 이야기는 유명하다. 나는 공주의 그런 삶의 지혜를 발휘한 덕성을 예찬하고 싶다. 그렇다고 새삼 어느 한 쪽의 덕성만을 강조하고 싶지는 않다. 이는 성性의 문제가 아니라, 덕은 남녀 관계없이 우리의 삶에 꼭 갖추어야 할 지혜 중의 하나일 뿐이다.

지금 우리 사회는 고학력 시대로 똑똑한 사람이 넘쳐나 너나없이 똑 소리가 난다. 우리는 치열한 경쟁 사회에서 지식으로 이기는 일에 익숙하도록 잘 교육되어져 왔다. 물론 똑똑한 지식인이 좋다. 그러나 지식이 어질고 너그러운 덕을 밑그림으로 깔지 않으면 바른 인간관계가 형성될 수 없다. 더군다나 가정은 머리가 아닌 가슴으로 살아갈 일들이 많다. 부모, 부부, 자식 간에 시시비비로 지식 게임을 하는 가정에서는 평안이 자리할 수 없다. 가족 간 서로 배려와 사랑과 헌신으로 포용해야 편안한 집안이 형성된다.

예로부터 부모는 자식을 지식으로 기르는 것이 아니라 덕성으로 기른다 했다. 그래서 부모들은 자식들에게 더불어 살 수 있는 따뜻한 덕을 갖도록 가르친다. 그런데 제각각 배운 지식만 앞세워 자신의 생각이 무조건 옳고, 다른 사람의 생각은 그르다고 시시비비를 가리면 가족 간 충돌은 피할 수 없는 불행한 상황으로 치닫고 만다.

오늘날은 지식이 마냥 넘쳐나는 고학력시대다. 그 지식이란 것도 서적, 인터넷으로 언제 어디서나 내 것으로 만들 수 있는 편리한 세상이다. 어쩌면 지식이 넘쳐 오만과 교만이 범람하는 시대인지도 모른다. 그래서 현대는 더불어 사는 지혜와 슬기를 더한 덕스러움을 갖지 않으면 지식이 오히려 불화를 일으키는 기름이 되기 쉽다.

참으로 화목한 가정들을 면면히 살펴보면, 서로 배려하며 양보하고 포용하는 생활에 매우 익숙하다. 어쩌면 어리숭하고 수더분한 사람들이 모인 것같이 보인다. 가족은 서로 이겨야 할 대상이 아니다. 내 부모, 형제, 남편과 아내와 자식들에게 베푸는 배려와 포용은 아름다운 덕성이다. 진정한 가족애는 말없이 돕는 뱃사공과 나무꾼의 마음과 같다 하리라.

그렇다고 우리는 어느 한 쪽을 나쁘다고 결론을 짓기는 성급한 오류인지 모른다. 그 똑똑한 남녀의 지식들은 현대 사회뿐만 아니라 가정과 가문에도 큰 자산이다. 『장자』에 이르기를 '주머니가 작으면 큰 것을 싸지 못하고 두레박줄이 짧으면 깊은 물을 긷지 못한다.'고 했다. 즉, 이는 아무리 훌륭한 인물이 있어도 그를 알아보지 못한다면 무용지물이라는 말이다. 혹, 서로의 인물됨을 이해하고 수용하는 덕을 갖지 못한 것은 아닐까. 그들은 서로의 장점들을 모아 보다 나은 가정, 가문으로 발전할 수 있었을 텐데. 왜 포용하고 상생하는 덕을 베풀지 못했을까?

아리스토텔레스는 일찍이 '덕은 아는 것만으로 충분하지 않다. 우리는 그걸 가지려고, 이용하려고, 혹은 우리를 선하게 만들어 줄 어떤 방도를 강구하려고 애쓰지 않으면 안 된다'라고 했다.

나는 지식이 넉넉한 사람을 좋아한다. 그러나 지식으로 타인의 덕을 가벼이 여기는 사람은 싫어한다. 소위 학력이 높다는 학자, 정치가, 경제인이라도 덕이 밑바탕에 깔려 있지 않은 이를 나는 존경하지 않는다. 특히, 나는 대인 관계에서 겸양과 포용과 사랑의 미덕을 무시하고 지식으로 남을 짓뭉개려는 사람을 싫어한다. 많은 사람들이 외치는 민주주의도 경제에도 그 속에 덕이 밑그림으로 깔려 있지 않다면 진정한 인간적 삶이라 할 수는 없으리라.

어떻게 살 것인가? 나는 곰곰이 생각한다. 그 답은 어쩌면 평강 공주의 삶에서 찾을 수 있을 것 같다.

나의 애송시

프랑스에서는 초등학생이 입학하면 시 30여 편 정도를 외우게 한다. 우리나라 또래 아이들이 영어 수학에 몰두하고 있을 때다. 왜 그들은 아이들의 시 암송에 유달리 정성을 쏟을까?

예로부터 시는 마음을 정화시키는 문학의 한 장르다. 그래서 공자는 일찍이 '詩三百編 思無邪'라 하여 삼백 편의 시를 읽고 나면 간특奸慝한 마음이 없어진다고 했다. 시의 본성을 꿰뚫어 본 말로 시가 그만큼 사람들의 맑고 깨끗한 정서 순화에 이바지한다는 얘기다.

나는 학창 시절 명시名詩들의 맑은 정서에 이끌려 시집을 가까이 했다. 그냥 시 읽기가 좋아 시를 읽으면서 상상의 나래를 펴기도 하고, 때로는 암송하며 시흥을 흥얼거렸다. 당시 나는 소월, 만해, 이상李霜, 청마, 엘리엇, 보들레르, 워즈워스, 랭보 등 꽤 많은 시인들의 시를 암송했다. 그 중 애송시 한 편이 청마 유치환이 쓴 「깃발」이다.

이것은 소리 없는 아우성
저 푸른 해원을 향하여 흔드는
영원한 노스탤지어의 손수건

순정은 물결같이 바람에 나부끼고
오로지 맑고 곧은 이념의 푯대 끝에
애수는 백로처럼 날개를 펴다
아! 누구인가
이렇게 슬프고도 애달픈 마음을
맨 처음 공중에 달 줄을 안 그는

이 시는 청마 시인의 대표작이기도 하다. 내가 이 시를 처음 접한 것은 고교생 때로 기억한다. 멋모르고 「깃발」이란 시어에 이끌렸고 각종 시어詩語에서 느끼는 정감과 아름다운 시적 분위기가 좋았다. 그러나 이 시에 애정을 절감한 것은 젊은 교직 생활 때다. 어느 가을 전교생 운동장 모임 때 교정에 힘차게 펄럭이는 깃발을 보고 나도 모르게 이 시를 읊조렸다.

그때 나는 나의 내면을 대변하는 시의 놀라운 힘에 빠져들어 온몸에 전율을 느꼈다.

청마는 '깃발'에 추상적 여러 관념을 덧씌워 놓았다. 그는 이 시에서 현실과 이상 사이에 뛰어넘을 수 없는 인간의 근원적 한계를 '깃발'을 통해 노래했다. 그리고 이룰 수 없는 이상으로 인한 슬픔을 에둘러 읊었다. 그래서 이 시는 이상향에 대한 향수와 이룰 수 없는 비애감을 노래했다 하겠다.

청마는 이상을 추구하고픈 자신의 마음을 깃발의 역동적인 모습에 비유하여 '소리 없는 아우성'이라 시화詩化했다. 그리고 저 푸르고 넓은 바다를 향하여 흔드는 손수건, 즉 깃발은 영혼의 본향에 대한 그리움이고, 생명의 고향에 대한 원초적 향수이기도 했다. 또 그에게 푸른 해원의 바다는 생명의 본향이었으리라.

시인은 어린 시절 아세아의 나폴리라 불리는 경남 통영에서 나고 자랐다. 사량도를 비롯한 수많은 섬들을 바라보면서 파도와 해풍을 벗하며 성장했다. 파도 넘실거리는 넓은 바다는 그에게 어쩌면 영원한 그리움인지도 모른다.

나 역시 고향 울산 바다 해풍을 벗하며 자랐다. 파도가 출렁이는 아름다운 바다에 대한 그리운 추억은 내 마음의 본향이기도 하다. 이런 일면이 나로 하여금 이 시를 애송시로 보듬는 계기가 되었는지 모른다.

청마의 순정은 동경하는 물결처럼 나부끼고, 오로지 맑고 곧은 의지의 푯대 끝에 도달할 수 없는 애수哀愁는 백로처럼 하얀 날개를 펼쳤으리라. 어쩌면 깃발의 순정은 청마의 정서가 이입된 영원한 그리움인지도 모른다.

그리고 그는 '이렇게 슬프고도 애달픈 마음을 맨 처음 공중에 단 그는 누구인가?'하고 노래했다. 그가 추구하는 것에 도달할 수 없는 좌절을 맛본 정한情恨이 때로는 원망과 한탄의 깃발로 펄럭였을 것이다. 그래서 뛰어넘을 수 없는 현실 한계를 그는 번번이 애달파했으리라.

시는 시인의 아름다운 심성心性으로 빚어진 예술이다. 이 시에서 청마가 젊은 시절 추구해온 맑고 순수한 미적 심성을 엿볼 수 있다. 그리고 정제된 시어들과 표현은 읊조릴수록 나의 마음을 은근히 사로잡았다.

인간의 차원 높은 이상은 결국 푯대 끝에서 외로울 수밖에 없다. 누구나 현실이란 벽에 부딪혀 가슴 저리게 애달픈 슬픔으로 펄럭이기 마련이다. 그래서 청마는 인간 본성의 순수한 양심을 끝까지 지키려 했던 시인이라 할 수 있으리라.

나는 시인의 모교인 동래고등학교에서 교직 생활을 한 인연을 갖고 있다. 시인은 학창 시절 넓은 교정에 펄럭이는 깃발을 바라보면서 차원 높은 이상을 꿈꾸어 왔을 것이다. 그리고 오랫동안 교직과 시인으로 살면서 현실 한계에 부딪힐 때마다 영원한 노스탤지어의 깃발을 펄럭였을지도 모르리라. 그것은 실현될 수 없는 삶의 향수인지도 모른다. 나 역시 현실의 한계를 느낄 때마다 마음 속 애달픈 깃발을 수없이 펄럭여 왔다.

우리 시단에서는 청마를 인간의 근원적 문제에 대한 탐구자라 하여 '생명파 시인'이라 한다. 그는 남다른 혜안으로 항상 형이상학적 시상으로 시를 쓰고 삶을 이해하려고 했다. 그래서 우리 시단에서는 깊은 사유思惟의 시를 쓴 시인이라 한다.

나는 치열한 생존경쟁으로 어려움이 오갈 때마다 아름다운 시어들로 잘 정제된 명시들을 암송해 위안 받을 때가 많았다. 지금도 삶에 심히 고통스러운 앙금들이 생기면 절절이 시를 암송하며 애달픈 깃발을 수없이 펄럭여 내 삶을 위로한다. 오늘날 지나친 물질 추구로 우리의 정신적 텃밭이 하나둘 사막화되어 가는 모습을 볼 때면 나는 너무나 안타깝다.

현실은 우리의 꿈이 추구하고자 하는 이상 세계는 분명 아니다. 그러나 허무에 대한 극복 의지는 끝나지 않았기에 사람들은 자신의 깃발을 펄럭일 것이고, 나의 시작詩作의 깃발 또한 앞으로 계속 아우성칠 게다.

내가 청마의 형이상학적 사유의 시 「깃발」을 애송시로 보듬고 살아온 일은 나에게는 행운이다. 물질만능으로 메말라가는 각박한 세상살이에 이해타산을 뛰어넘은 시들을 읊고 쓰면서 교감하는 나의 삶을 행운으로 생각하고 고마움을 느낀다.

나는 자라나는 우리 아이들도 프랑스 아이들처럼 맑고 순수한 서정적 동시童詩의 안뜰을 즐겁게 뛰놀며 시를 많이 암송하기를 소망한다.

제2부
특별한 인연 특별한 삶

어느 도마뱀의 사랑 이야기

오래 전 일본의 한 시골마을에서 일어난 일이다.

한 목수가 낡은 제 집을 수리하기 위해 벽을 허물었다. 그때 그는 벽과 벽 사이에서 못에 꼬리뼈가 박힌 도마뱀 한 마리를 발견했다. 도마뱀은 목수를 보자 화들짝 놀라 도망을 가려고 몸부림쳤다.

그 모습을 살피던 목수는 놀란 부엉이 눈이 되었다. 이유는 도마뱀 꼬리에 박힌 녹슨 못 때문이다. 다름 아닌 십 년 전에 자신이 처음 이 집을 지으면서 친 바로 그 못이 아니던가!

아! 그렇다면 십 년 동안 이 도마뱀은 내가 친 못에 꼬리가 박힌 채 이대로 살아왔다는 이야기가 아닌가! 사막에 선인장도 아닌 것이, 물 한 방울 없는 마른 벽과 벽 사이에서 어찌 10년을 살아왔을꼬?

한참동안 목수는 의문을 풀지 못했다. 그는 넋을 잃고 도마뱀을 살피다가 또 한 번 놀랐다. 도마뱀이 갑자기 눈에 현란한 광채를 뿜으며 날뛰기 시작했다. 아니 글쎄, 저쪽에서 또 다른 도마뱀 한 마리가 야금야금 벽 사이를 기어와 먹이를 주고받으며 서로 상봉하는 게 아닌가. 그리고 그들은 한참동안 황홀한 눈빛을 나누다가 조용히 헤어졌다.

도마뱀은 현기증 나는 10년 세월을 그렇게 만났다가 헤어지기를 반복하며 살아왔던 모양이다. 그들이 주고받는 현란한 무지갯빛같이 번쩍이는 눈빛에 목수는 다시 놀라지 않을 수 없었다. 한낱 미물인 그들의 애틋한 사랑에 놀란 그는 오랫동안 가슴에 구멍이 펑 뚫린 양 할 말을 잊었다고 한다.

당시 이 이야기가 언론에 기사화되자 많은 사람들은 거짓말이라 했다.

그들이 기사를 의심함은 당연했다. 혹자는 한낱 미물이 그런 악조건인 환경에서 1년도 아닌 10년 세월을 살아왔다니 도저히 믿을 수 없다고 했다.

또한 도마뱀은 위급하면 스스로 꼬리를 잘라버린다는데, 왜 그렇게 살았느냐는 둥 의문을 제기하기도 했다. 그래서 혹자는 도롱뇽이라고도 하고, 또 꼬리를 자를 수 없는 부분에 못이 박혔기 때문이라고도 했다. 나는 여기서 그 진위를 장황하게 논하고 싶지는 않다.

나는 믿기 어려운 그들의 애틋한 사랑에 큰 감동을 받았다. 아무튼 만물의 영장도 아닌 한낱 미물인 도마뱀이 그런 환경에서 깊은 애정을 10년 동안 나누었다는 사실은 분명하다. 이것은 틀림없는 사실이라며 목수는 자신을 의심하지 말라했다. 그도 그들이 주고받는 황홀한 눈빛을 영원히 잊을 수 없다고 항변했다. 그는 십 년 전에 자신이 친 못을 뽑아준 후에 죄스러운 마음에 밤을 꼬박 지새웠다고 고백했다.

그런데 무엇이 그들로 하여금 그 고통스러운 환경 속에서도 황홀한 눈빛을 10년 동안 오갈 수 있도록 했을까? 누가 무엇이라 해도 그것은 그들 둘만의 진실한 사랑이었으리라. 둘의 애틋한 참사랑이 있었기에

십 년 세월을 하루같이 살아갈 수 있었던 일 아니겠는가! 그들의 사랑은 생명이 유지된다면 백 년 아닌 천 년 세월인들 쉽게 변할 것 같지는 않았다.

춘하추동 긴긴 세월 그들은 무슨 이야기를 주고받으며 살아왔을까? 서로 어떤 눈빛으로 시시때때로 위로를 했을까? 한낱 보잘 것 없는 미물의 본능적 애정이라 한다면 이는 그들의 사랑을 모독하는 염치없는 말인지도 모를 일이다.

만약 현대에 사는 사람들의 일이라면 어찌 했을까? 처음은 무척 당황했을 일이 분명하다. 그것이 아니라면 책임론 운운하지는 않았을까? 또 우왕좌왕 하다가 행여 운명론을 들고 나오지는 않았을까? 아니면, 법원을 오가면서 민·형사 운운하며 법을 들먹이지는 않았을까? 아니면 불가항력이라 결론짓지는 않았을까?

그간 나는 현실 속에서 어떤 몸짓으로 살아 왔던가? 흔히들 '인간은 만물의 영장靈長'이라고 큰 소리를 친다. 그리고 감히 미물들이 흉내 낼 수 없는 고고한 정신적 사랑의 몸짓 운운한다. 정말 그럴까?

나는 깊은 생각에 잠겼다. 현대를 살아가는 우리들의 사랑이 진정 만물의 영장다운 품위 있는 사랑임이 틀림없는가? 행여, 우리가 저 한낱 미물인 도마뱀보다 못한 속된 사랑의 손익계산서를 들고 살면서 고고한 사랑인 척하면서 살고 있지는 않는지?

아름다운 명화名畵를 만나다

세계 최고의 미술 경매가의 작품을 그린 베이컨의 이야기다.

영국의 화가 프랜시스 베이컨(1909~92)의 작품 「루치안 프로이트에 대한 세 개의 습작」(1969년作)이 2013년 세계 미술품 경매에서 1억 4,240만 달러(한화로 약 1,528억원)에 팔렸다는 기사다. 높은 경매 값에 놀란 나는 즉시 화가 베이컨에 대하여 알아보았다.

그는 정식으로 미술교육을 받은 적이 없는 아일랜드의 더블린 사람이다. 마구간을 개조한 스튜디오에서 죽을 때까지 한 번도 청소하지 않은 채 자폐증 환자같이 그림에만 몰두했다. 평생 인물화에 천착한 화가로 '고통 받는 인간은 고기다'라며 인간의 심연을 드러내는 철학적 깊이를 그림에 담았다는 평가다.

이 사실에 놀라워하던 차 덕수궁 국립현대미술관에서 「명화를 만나다-한국 근·현대회화 100선」을 전시한다는 기사가 나의 시선을 사로잡았다. 꼭 가봐야겠다 생각하고 있던 차에 멀리 부산에서 지인 K장로 부부가 다른 일을 겸하여 이를 관람하기 위해 상경한다는 연락이 왔다. 나는 반가운 소식에 서울역에서 두 분을 만나 함께 '덕수궁 현대미술관'을 찾았다.

우리나라 근·현대 미술사를 대표하는 작품들로 20여 개의 국공립 기관 및 개인 소장자들이 애써 수집 보관한 덕택으로 험난한 역사의 격랑 속에서도 살아남은 작품들이란다. 한국미술사의 속살을 헤집어 그들의 삶을 되새김질해볼 좋은 기회다. 이를 놓치면 다시는 이 작품들을 한자리에서 일목요연하게 볼 기회는 어려울 것이라 한다.

이미 전시장에는 관람객으로 북적였다.

이중섭, 박수근, 김환기, 김기창, 천경자 등 1920~1970년대까지 우리 미술사에 큰 별인 57인 화가의 유화 70점, 수묵채색화 30점 등 100점의 작품이 선보였다. 특히, 국내 작가 전시 최초로 작품 보험 총액이 천억 원을 넘어설 정도란다. 그만큼 귀한 전시회란 뜻이리라. 우리는 화가들의 치열한 창작 세계와 예술적 열정을 꼼꼼히 살펴보려고 애썼다.

나는 들뜬 마음으로 작품들을 감상하다가 낯익은 이중섭의 명화名畵 「황소」 앞에 섰다. 그의 소 그림은 단순한 가축을 뛰어넘어 독창적인 작품으로 강한 저항의식의 상징적 표현이다.

그는 평안도 부농의 아들로 태어나 일본에 유학하고 돌아왔지만, 6·25한국전쟁은 그를 비극적 운명으로 갈라놓았다. 그는 제주, 부산으로 피난하며 지독히 가난한 생활을 했으며, 끝내 무연고자로 서대문 적십자병원의 차가운 병실에서 41세에 간염으로 쓸쓸히 타계他界하고 만다. 그가 요절하기까지 전쟁의 고통스런 비극에서 벗어나지 못한 운명이 안타깝다.

나는 「황소」 작품에서 작가가 바라본 시대적 삶에 대한 좌절과 고통과 분노를 보았다. 뼈 마디마디에 은유된 분노를 관람객도 절절히 느끼는 것 같았다. 나도 소의 부릅뜬 눈매로 그림들을 응시하며 한참 동안 발걸음을 떼지 못했다. 잠시 후 자리를 옮겨 국민화가 박수근의 「빨래터」 「절구질하는 여인」 「행인」 「농악」 등을 만났다.

박수근은 독학으로 미술공부를 한 화가로 가장 한국적이고 서민적이며 독자적인 작가로 알려져 왔다. 「빨래터」는 흰 수건을 머리에 쓰고 검정 고무신을 신은 여인들이 시냇가에 앉아 빨래하는 뒷모습을 그린 그림이다.

그는 물감 살 돈이 없어 미군부대에서 초상화를 그려 생계를 유지했다. 그때 한 미군이 약간의 도움을 주자 고마움에 선물한 작품이 지금의 이 「빨래터」라 한다. 미 병사가 가방 속에 짐짝처럼 담아 미국으로 가져간 그림이 한국 경매사상 최고가인 45억 2천만 원을 기록했다니 놀라울 따름이다.

그가 이처럼 수십 억짜리 그림을 그리고도 평생 가난 속에 살다가 51세 간경화로 세상을 떠났다니, 이 또한 안타까운 일이다.

이어 한국 추상 회화의 선구자라 불리어지는 김환기의 대작인 「우주」 「어디서 무엇이 되어 다시 만나랴」 명화 앞에 섰다.

나는 수많은 점들이 대우주를 표류하며 떠다니는 듯 현란한 모습에 한참 동안 넋을 잃고 바라보았다. 천재 화가의 진면모를 보는 듯했다. 특히 후자는 1970년 제1회 한국미술대전에서 대상을 받은 작품으로 널리 알려져 왔다. 수많은 물방울 같은 점點들은 그가 친구들 얼굴 하나하나를 떠올리며 정성껏 붓으로 찍었다고 한다. 또한 이 그림은 시인 김광섭의 시 「저녁에」

저렇게 많은 별 중에서/별 하나가 나를 내려다본다. / 이렇게 많은 사람 중에서 / 그 별 하나를 쳐다본다. // 밤이 깊을수록 / 별은 밝음 속에 사라지고 / 나는 어둠 속에 사라진다. // 이렇게 정다운 / 너 하나 나 하나는 / 어디서 무엇이 되어 / 다시 만나랴 //

이 시를 읽고 그가 마지막 구절을 제목으로 그린 답화答畵라 한다. 그는 자기만의 조형 시도와 새로운 재료 실험의 연속으로 몸부림친 화가로 널리 알려져 왔다.

연이어 운보 김기창의 명화 「군무」 「아악의 리듬」을 감상했다. 7살 때 장티푸스 고열로 인한 후천성 청각장애인이 된 그는 서양화와 동양화를 교묘히 접목시켜 산수, 인물, 화조, 추상 등 여러 영역에서 뛰어난 능력을 보여 왔다. 생전에 그림으로 부와 명성도 함께 얻은 근·현대 미술사에서 보기 드문 화가다. 그는 '예술은 아름다움을 추구하는 것인데 궁극적인 아름다움은 남을 위한 봉사에서 찾을 수 있다.'면서 평소 장애인들을 돕는 따뜻한 인간애를 실천했다. 또한 그는 스스로를 '덜된 바보'라고 자칭할 정도로 큰 사람이다.

다음은 꽃과 영혼의 화가인 천경자의 명화 「목화밭에서」 「길례언니」 등을 감상했다. 특히, 「길례언니」는 어린 날 얼핏 스친 노란 원피스, 하얀 챙이 달린 모자의 여인, 집이 가난해 소록도 간호부가 되어 떠났다는 이야기를 담고 있는 그림이다. 삶의 고통, 원죄의 굴레, 여인의 한 등 몽환적이며 환상적인 표현과 화려한 색채로 잘 묘사된 그림이다. 특히, 그가 즐겨 쓴 붉은 색과 노란색의 색감이 매우 인상적이었다.

우리는 화가들이 남긴 훌륭한 작품들을 쉬어가면서 4관 전시장까지 오랫동안 감상했다. 다들 가슴에 감동의 여운을 오래 보듬고 싶은 작품들이다. 하나같이 격랑의 세월에도 아랑곳 않고, 작가 나름의 치열한 창작 의지와 열정을 담아 자기만의 독특한 구상과 색감으로 새로운 세계를 창조해 낸 명작들이다. 누가 무어라 해도 제 마음의 붓을 좇아 숱한 고난에도 자신만의 독창적 예술관을 표출한 화가들의 자긍심이 존경스럽다. 그들이 왜 화가의 길을 선택했는지 물음에 답하고 있는 듯했다.

이 전시장에는 타인의 작품을 모방한 그림은 하나도 없다. 화가들은 전쟁이란 극한 상황 속에서 대개가 무학, 독학으로 가난 속에서도 굴하지 않고 자기만의 예술세계를 펼쳐왔다.

나는 순간 삶의 진정한 자세를 엿볼 수 있었다. 이처럼 어떤 환경에서도 제 삶의 길을 꿋꿋이 걸어야 자신의 명화를 그릴 수 있다는 사실을 나는 확인한 셈이다. 나는 미술에는 대체로 문외한門外漢에 가깝다. 그러나 문학이 미술의 유파에서 문예사조가 파생한 부분이 많기에 미술작품에 대한 관심을 꾸준히 가져왔다. 또, 문학과 그림은 유사점이 많다. 다만 문자와 색감으로 표현 방법이 다를 뿐이다. 그래서 나는 기회 닿는 대로 미술작품 감상에 참여하고 미술서적을 뒤지기도 한다.

어쩌면 우리네 인생살이도 자신이 그리는 한 폭의 그림이리라. 세상이란 화폭에 무엇을 그릴 것인가는 온전히 자신의 몫이다. 괜히 남의 그림들을 곁눈질하곤 부러워하고 시샘하며 이 핑계 저 핑계를 대며 남과 비교 모방하면 명화는커녕 자신의 삶은 없다. 어디서 환청이 들리는 것 같았다.

이제 이 작품들은 값진 유산으로 오랫동안 남아 우리 민족의 가슴에 불멸의 감동을 주며 영생하리라.

우리는 오늘의 명화관람은 참 행운이라는 데 생각을 모았다. 그리고 언제 어디서 이 작품들을 다시 만날 수 있을까? 아쉬움을 뒤로한 채 K장로 부부와 함께 귀가 길을 재촉했다.

특별한 인연, 특별한 삶

어느 날 아들이 난蘭분 하나를 들고 왔다.

이렇게 난은 나와 인연을 맺게 되었다. 그날로부터 물을 주고 잎을 닦아주며 알뜰히 보살피기 시작했다. 특히 자식이 모쪼록 아비를 위해 선물한 것이라 새삼 의미가 조금은 남달랐다.

이처럼 사람은 이런저런 인연들을 맺으며 살아간다고 해도 과언이 아니다. 인연도 귀하게 생각하면 귀한 선연의 꽃이 피고, 하찮게 생각하면 하찮은 꽃이 핀다. 나는 아들이 보낸 난에서 선연의 꽃이 피어나도록 무척 애썼다.

세계에 난은 약 700속 2만5천 종이 있다고 한다. 한국 자생종만 39속 84종이라 한다. 그 중 하나가 나와 이처럼 인연을 맺게 된 것이다.

어느 날 난은 나의 정성에 보답이라도 하듯 아름다운 꽃을 곱게 피우기 시작했다. 꽃의 향기 또한 은은했다. 아파트에서 내 정성으로 피워낸 꽃이라 의미를 부여하고 싶었다. 나는 카톡에 담아 지인들에게 보내기도 했다.

나는 가끔 난 꽃을 바라보면서 지난날 자식과의 인연을 곰곰이 생각하곤 미소를 짓기도 했다. 자식과의 인연은 내 삶에 소중한 연으로 추억된다.

그런데 향기 은은한 특별한 선연은 사람들의 운명을 바꿔놓기도 한다. 영국의 수상을 지낸 윈스턴 처칠과 페니실린을 만든 알렉산드 플레밍의 만남은 특별한 인연이었다.

처칠이 어렸을 때 야외 호숫가에서 수영을 하다가 물에 빠져 죽을 위기에 빠지자 주변에서 놀던 농부의 아들인 플레밍이 그를 구해 주었다. 이를 인연으로 서로는 친한 친구가 되어 지냈다.

어느 날 플레밍이 의사가 되고 싶은데, 자신은 가난한 농부의 아들로 의학 공부를 할 수 없다는 이야기를 했다. 이를 듣고 처칠은 아버지께 부탁드려 그를 의과대학 공부를 하도록 도와주었다. 그 도움으로 플레밍은 의사가 되었고, 나중 페니실린이라는 약을 만들어냈다.

이때 처칠은 26세의 젊은 나이에 영국 국회의원이 되었으나 폐렴에 걸려 목숨이 매우 위태롭게 되었다. 그때 친구 플레밍이 만든 페니실린이 급송되어 처칠의 생명을 구할 수 있게 되었다.

처칠은 두 번이나 친구 플레밍의 도움으로 자신의 생명을 구원 받게 되었고, 플레밍은 처칠 덕택에 훌륭한 의학공부를 하게 되어 인류 건강에 큰 도움을 주는 페니실린을 발명했다. 그로 인하여 그는 1945년 노벨의학상까지 받게 된다. 그들은 이처럼 서로에게 은혜를 베푸는 귀한 인연의 꽃을 피우며 살았다.

사람은 혼자 살 수는 없다. 여러 인연의 줄을 잡고 살아가기 마련이다. 그래서 다들 같은 값이면 좋은 선연을 맺기 위해 노력한다. 물론 아름다운 선연은 가만히 있는데 맺어지는 일은 아니다.

어느덧 내가 난과 인연을 맺은 지도 어언 두 해가 훌쩍 지나갔다. 그간 나는 난과 많은 대화를 나누었다. 또 자식에 대하여 많은 것을 생각하기도 했다. 난은 부드러운 햇볕과 시원한 통풍을 좋아한다. 또 절제가 대단하다. 물을 많이 주면 뿌리가 쉬이 상한다. 과한 영양분도 오히려 몸을 상하게 하므로 거부한다. 또한 지나치게 허욕을 부리지 않는다. 그리고 곧게만 자라지도 않는다. 어느 정도 자라면 한두 잎이 옆으로 휘어지는 여유의 파격을 가질 줄도 안다. 언제나 깨끗한 자태로 보는 이의 마음까지 청초하게 한다. 이렇게 나는 난을 보면서 자식과 하고 싶은 대화가 많았다.

불교의 법구경에 인연에 대한 흥미로운 이야기 하나가 전한다.

석가는 가시굴산에서 정사精舍로 돌아오다가 길에 떨어진 묵은 종이를 보고, 비구를 시켜 그것을 줍게 했다. 그것은 어떤 종이냐고 물었다. 비구가 아뢰기를 "이것은 향을 쌌던 종이입니다."라고 했다. 석가는 다시 길을 가다가 길에 떨어진 새끼를 보고 그것을 줍게 하곤 어떤 새끼냐고 물었다. 제자는 "이것은 생선을 꿰었던 것입니다. 비린내가 아직 남아 있는 것으로 알 수 있습니다."

석가는 "사람은 원래 깨끗한 것이지만, 모두 인연을 따라 죄와 복을 부르는 것이다. 어진 이를 가까이 하면 곧 도덕이 높아 가고, 어리석은 이를 친구로 하면 곧 재앙과 죄가 따른다. 저 종이는 향을 가까이 해서 향기가 나고, 저 새끼는 생선을 꿰어 비린내가 나는 것과 같은 원리다.

사람은 다 조금씩 물들어 스스로 그렇게 되는 줄을 모를 뿐이다."라고 했다.

삶에 인연을 소중히 함은 생을 귀히 생각함과 흡사하다. 처칠과 플레밍의 향기 은은한 특별한 인연은 분명 특별한 삶으로 연결되어 서로에게 좋은 향기를 주어 행복을 부른 사례다.

나는 난 잎을 곱게 닦으면서 인연의 참의미들을 하나둘 생각한다. 난 잎들이 청초하여 생동감이 넘친다. 내년에는 더 아름다운 꽃들이 필 수 있도록 정성을 쏟을 생각이다.

부모와 자식의 인연은 특별한 인연이고 특별한 삶이다. 어쩌면 많은 부분에서 윤회관계로 이어가는 삶인지도 모른다. 나는 아들과의 인연이 소중한 선연이길 늘 소망한다. 다만 아비의 향이 그윽하지 못해 제대로 향내를 내지 못함이 늘 아쉬울 따름이다.

거문고 연주를 감상하면서

나는 거문고 소리를 유달리 좋아하는 편이다.

오늘은 국악원에서 J악사樂士를 비롯한 몇 사람의 거문고 연주를 감상하는 기회를 맞았다. 나는 거문고 연주 소리가 유난히 경이롭고 신비스럽게 들려 매양 매혹된다.

그 여섯 줄에서 흘러나오는 소리가 타 악기보다 깊고 장중하다. 거문고 산조는 느린 속도의 진양조로 시작하여 차차 급한 중모리, 자진모리, 휘모리로 바뀌어 갈 때는 더욱 멋스러움과 신비로운 음률로 나를 몰입시킨다. 거문고 현을 뜯을 때면 오동나무 울림통이 공명을 일으켜 청아한 소리를 낸다.

그 다양한 소리 기법과 풍부한 표현력은 듣는 이로 하여금 절로 경탄을 자아내게 한다.

중국 전국시대 초나라 유백아兪伯牙는 유명한 거문고 악사다. 그의 스승 성연자成連子는 제자 백아를 음악의 대가로 키우기 위해 자연 속으로 데리고 다니면서 대자연과 화음의 조화를 이룩한 신비스러운 소리를 터득하게 했다. 때로는 태산에 올라가 우주의 대 장관을 보여주고, 봉래산에 데려가 바다의 교향곡을 들려주기도 했다.

이런 스승의 도움으로 백아는 끝내 자연과 화합하는 화음의 소리, 신비스럽고 조화된 소리들을 터득하는 경지에 이르렀다. 결국 그는 유명한 「천풍조天風操」, 「수선조水仙操」란 거문고 명곡을 완성해 냈다.

그런데 백아는 자신의 거문고 소리를 제대로 알아주는 사람을 만나지 못했다. 그것은 그에게 정말 슬픈 일이었다. 그러다가 그의 음악적 경지를 알아주는 유일한 한 사람을 만나게 된다. 그는 다름 아닌 자연 산천을 돌아다니며 온갖 자연의 소리와 교감하는 과정에서 신비로운 음악적 경지를 터득한 종자기라는 사람이었다.

하루는 백아가 그의 앞에서 거문고로 불후의 명작 「수선조水仙操」 한 곡을 뜯자 종자기는 크게 감탄하며 "참으로 훌륭한 노래입니다. 이 곡은 도도한 파도가 바람에 휘말려, 넘실거리며 흘러가는 신비로운 자연의 곡조가 아닙니까?"하고 예찬을 했다.

자신의 노래를 제대로 알아들을 줄 아는 종자기를 만난 기쁨에 백아는 거문고로 다시 자신이 만든 「천풍조天風操」를 뜯기 시작했다. 종자기는 조용히 노래를 감상하고는 "이 곡 역시 참으로 장엄하고 아름답기 그지없습니다. 내 가슴에 해와 달이 들어오고, 발아래 무수한 별무리를 밟는 신비로운 자연의 소리입니다. 그래서 높은 산봉우리에 의연하고 도도하게 서 있는 마음입니다." 하고 노래 감상을 말했다. 이에 백아는 종자기와 만남을 한없이 즐거워했다.

그 후 백아와 종자기는 세월 가는 줄을 모르고 나날이 거문고를 뜯고 감상하며 즐거움을 나누었다. 그러다가 그들이 헤어진 수 년 후 백아가 종자기를 다시 찾아 갔을 때, 그는 이미 죽고 없었다. 백아는 그의 무덤을 찾아가 통곡했다. 이 세상에서 다시 내가 거문고를 뜯어본들 무엇 하겠느냐며 그만 거문고 줄을 끊고 다시는 타지 않았다고 한다.

그 후 세상 사람들은 진정 마음이 서로 통하는 친한 이를 지음知音 혹은 지우知友라 한다.

모든 부모들은 자식들을 훌륭한 사람으로 성장하길 갈망한다. 마치 성연자가 유백아에게 거문고를 가르치듯 신비로운 삶의 지혜들을 하나둘 익히도록 자식들에게 혼신을 다한다. 특히 부모는 자식들에게 일생동안 터득한 자신의 지혜들을 천풍조, 수선조에 담아 무수히 들려준다. 또한 아프도록 자식들 뒷바라지에 정성을 쏟는다. 그런데 자식들이 부모의 거문고 소리를 진정 알아듣지 못한다거나, 알아주지 않는다면 얼마나 안타까운 일인가? 또 그 부모의 노랫소리를 바르게 이해하려 하지 않는 자식을 키우는 일은 얼마나 슬픈 일인가?

나는 살면서 후회스러운 일 몇 가지가 있다. 그 중 하나가 내가 일찍이 부모의 애끊는 거문고 소리를 제대로 듣고 헤아리지를 못했다는 사실이다.

부모는 나를 위해 나날이 지극정성으로 거문고곡을 정성스럽게 뜯었다. 그러나 나는 그 소리를 귓등으로 듣고 넘겨 버리기 일쑤였다. 그간 부모님은 당신의 거문고 줄을 몇 번이나 끊어버리고 싶었을까? 그로인하여 얼마나 오랫동안 안타깝고 답답한 마음으로 살아오셨을까?

나는 부모님이 떠나신 후 뒤늦게 죄스러운 마음에 그 끊어진 거문고 소리를 애타게 그리워 한다. 그래서 요즘은 거문고가 울면 내 마음도 따라 운다. 나는 왜 가슴 여미도록 속살까지 파고드는 부모님의 거문고 소리를 일찍이 알아듣지 못했을꼬?

구양수의 「탄금彈琴」이란 시 한 수를 읊조려 본다.

고인은 볼 수 없으나 / 고인의 거문고를 퉁겨본다. / 옛 곡조를 골라 들으니 / 고인의 말을 듣는 것 같다. / 거문고 소리는 듣지만 / 거문고의 뜻은 누가 아는가.

나는 거문고 연주를 들으면 부모님 마음의 소리를 뒤늦게 헤아릴 듯하다. 그래서 거문고 소리를 유달리 사랑하는지 모른다. 지금은 거문고의 소리에서 지난날 내 부모의 애정 어린 마음을 조금은 헤아릴 것 같다. 그 온몸 떨어 울먹이는 듯 흐느끼며 애원하는 물결소리, 한겨울 문풍지 스쳐 떨리는 바람소리, 꿋꿋하고 장중한 폭포소리, 거세게 출렁이는 파도소리, 슬프고 애잔한 가락의 깊은 소리들을 생전에는 왜 제대로 알아듣지를 못했을까?

공연이 막을 내렸다. 연주에 아낌없는 찬사를 보내는 관중들의 박수가 좀처럼 그칠 줄을 몰랐다. 나는 그 여운에 한참동안 공연장을 떠나지를 못했다. 밖으로 나왔을 때도 거문고 소리의 여진이 내 가슴에서 끊어지지 않았다.

사랑했기에

여주인공 알리사는 창밖 잔디를 밟고 걸어오는 발자국 소리를 듣는다.

연인 제롬이 오고 있음을 직감한다. 그는 무한한 희열과 행복감을 느낀다. 멀리서 들리는 발자국 소리만으로도 사랑하는 사람임을 확신하고 즐거워하는 그 마음은 거짓 없는 사랑이었으리라. 그들은 하루하루가 너무나 소중하고 행복한 나날이었다.

나는 오늘 프랑스 작가 앙드레 지드의 『좁은 문』을 생각하며 새삼 그들의 사랑을 연상한다. 나도 한때는 그런 시절이 있었다. 그러나 지금은 사랑하는 이의 발자국 소리를 제대로 구분하지 못한다. 그만큼 내 사랑은 무디어진 편이다. 누군가를 사랑하며 그리워하는 마음, 기다리는 마음, 애틋하게 사모하는 마음이 뜨거울수록 즐겁고 행복한 삶임은 틀림없으리라.

흔히들 '사랑이 뭐 밥 먹여주느냐?'라며 폄하하기도 한다. 나는 이를 슬픈 삶이라 생각한다. 그는 삶의 참의미를 제대로 알지 못하는 어리석은 사람이 분명하다. 어쩌면 나도 세속에 파묻혀 사랑의 의미를 점차 잃어가는 속된 부류인지도 모른다.

루소는 『참회록』에서 '산다는 것은 곧 사랑하는 일이다.'라고 했다. 사랑을 받는 것은 행복한 삶이다. 그리고 사랑을 베푸는 일은 더 행복한 삶이다. 그런데 사랑을 받지도 베풀지도 못하는 사람은 슬픈 삶이 분명하리라.

하늘이 인간에게 준 가장 큰 정감은 무엇인가? 그것은 사랑이리라. 인간에게 사랑이란 감정을 완전히 없앤다면 어떤 사람이 될까? 식물인간이거나 로봇이거나 아니면 비정의 악인이 될 것이다.

생각해 보면, 사랑하는 일은 그렇게 어려운 일도 아니다. 무거운 것도 힘든 것도 돈이 많이 드는 일도 까탈진 조건이 많이 붙는 일도 아니다. 그런데 나는 부모, 형제, 아내, 자식, 친구, 이웃, 사회에도 제대로 사랑을 베풀지 못한 사람 중에 한 사람이다.

나는 왜 가슴을 활짝 열어 세상을 자연을 사람들을 사랑하지 못했을까? 어쩌면 그 가치를 제대로 몰랐거나, 아니면 새가슴이거나 지나치게 약삭빠른 이기적 삶 때문인지 모른다.

나는 괴테의 『슈타인 부인에게 보내는 편지』 한 부분을 종종 암송한다.

우리는 어디서 태어났는가? / 사랑에서 / 우리는 어떻게 멸망하는가? / 사랑이 없으면 / 우리는 무엇으로 자기를 극복하는가? / 사랑에 의해서 / 우리도 사랑을 발견할 수 있을까? / 사랑에 의해서 / 우리를 울리는 것은 무엇인가? / 사랑 / 우리를 결합시키는 것은 무엇인가? / 사랑./

괴테가 슈타인 부인에게 보낸 첫 번째 사랑의 편지에서부터 두 사람의 관계가 끊어져 마지막 편지가 될 때까지 1,500통의 편지 중에 138통을 선별해 수록한 책이 『슈타인 부인에게 보내는 편지』다. 그는 12년 동안 슈타인 부인에게 구애의 편지를 보냈지만 부인과는 누이 이상의 관계는 되지 않았다. 그러나 괴테는 그 12년 동안은 '사랑했기에 무한히 행복했다'라고 술회했다. 까닭은 사랑이야말로 진정한 인간 삶의 최대 행복의 에너지이기 때문이었으리라.

사랑은 내가 아무리 베풀어도 줄지를 않고 할수록 한없이 솟아나는 행복한 에너지다. 내가 삼백여 편 남짓의 시를 쓰고 백오십 편 넘게 수필을 쓰면서 얻은 진리다. 그 많은 작품에 애정을 쏟았지만 사랑을 쏟으면 쏟을수록 풍요롭고 간절해졌다. 저 넓은 우주 공간의 하늘도, 나의 이상인 별도, 시련과 고난을 준 바람도 사랑하면 다들 아름다운 시로 내게 다가왔다.

나는 이 아름답고 생기발랄한 에너지를 왜 한껏 베풀면서 살지 못했을까?

예수와 석가와 공자도 사랑했기에 행복했으리라. 돌아보아, 내가 가장 즐겁고 행복했던 때도 곧 누군가를 진정 사랑하던 바로 그 시간들이었다. 때로는 아팠다. 그마저도 행복한 시간들이었다. 사랑은 늙지도 않는다. 사랑은 할수록 가슴 뜨거워 오히려 내게 젊음을 주었다. 그리고 사랑은 내 마음을 한없이 아름답게 하였다. 이런 보배스러운 것을 멀리 하다가 생을 마감한다면 참 아둔한 삶이 아닌가!

내가 이 세상을 떠나는 날 끝내 놓지 못해 몸부림치는 것도 나의 소중한 사랑 때문이 아닐까.

강물로 마음을 씻는다

최치원은 신라가 낳은 학자로 설총, 강수와 더불어 신라 3대 문장가다.

그는 일찍 당나라에 조기 유학하여 외국인 고시에 합격한 후 벼슬길에 올랐다. 이른바 당시 유학 가서 성공한 엘리트다. 삼국사기 『최치원 열전』에 보면 「토황소격문」을 쓴 사람으로도 유명하다.

그의 아버지는 아들을 12살에 당나라로 유학 보내면서 "10년 안에 과거에 급제하지 못하면 내 아들이 아니니 힘써 공부하라"고 당부했다. 그는 유학 6년 만인 18세에 단 한 번의 응시로 외국인 고시에 합격했다. 그 후 승승장구했지만 이국땅이 아무리 좋아도 조국만 했겠는가. 그는 조국에 대한 향수와 부흥에 일조하고 싶은 마음이 간절했다. 그 마음이 결국 그를 다시 고국으로 돌아오게 했다

그가 귀국한 때가 29세다. 당시는 신라 말기로 나라가 매우 어수선했다. 신라 사회는 골품제도로 성골, 진골에 차등을 두고 혈연, 지연, 학연으로 얽혀 유학파들을 달갑게 여기지 않는 풍토였다. 그는 성골 진골이 아닌 육두품이란 신분제도로 우수한 능력을 제대로 대접 받지 못했다. 또 해외파로 분류되어 외직에 맴돌기도 했다.

요즘 공항에 나가면 유학을 떠나는 청소년들이 많다. 보다 질 높은 교육을 받기 위해서 자꾸 연령대가 낮아져 초등학생 때부터 떠나는 실정이라 한다. 초·중·고 조기유학의 열풍이 한창인 지난 2006년에는 약 3만 명이 유학생활을 했다. 작년 2016년에는 줄어 초등생이 4천5백 명, 중등학생이 3천7백 명, 고등학생이 2천7백 명 정도라는 기사다.

일찍부터 질 높은 교육을 받고자 혹은 선진문화와 학문을 익히려는 일을 탓할 일은 아니리라. 그런데 만에 하나 이들이 고국으로 돌아왔을 때, 혹시라도 최치원과 같은 차등으로 혈연, 지연, 학연의 갈등을 겪을까 염려스럽다.

내가 참여하고 있는 K문학회 동호인 L작가의 자녀가 금년에 미국 모 대학교에 교수가 되었다. 나는 진심으로 축하의 뜻을 전했다. "한국에서도 교수되기가 힘든 일인데 미국에서 교수가 되었다니, 참으로 훌륭하다."고 예찬했다. 그런데 옆에 있던 동인이 의외의 말을 던진다. "어쩌면 한국에서 교수가 되기는 더 어려웠을지도 모르지요."라고 한다.

그 까닭은 다 그렇지는 않지만 미국 교수는 학술적 실력 하나만으로 교수가 될 수 있지만, 한국 교수는 학연, 지연, 혈연없이 교수로 발탁되기는 참 힘들다는 의미심장한 말을 한다.

이때 나는 천여 년 전 최치원의 고충이 신라, 고려, 조선을 거쳐 천년 세월이 훌쩍 지난 오늘날까지도 변하지 않은 우리 사회에 새삼 놀랐다. 지금도 혈연, 학연, 지연이 엄연히 잔존하는 폐쇄적인 우리 사회다. 이런 후진국적인 속성을 가진 나라가 어떻게 세계적인 선진국으로 도약할 수 있을까? 참으로 개탄하지 않을 수 없다.

조선의 세종은 천민 장영실의 뛰어난 과학적 실력을 알아보고 많은 신하들의 반발을 물리치고 중국에 유학을 보냈다. 또 당시 법에 없는 일약 종5품 벼슬을 내려 그에게 과학적 발명을 하도록 독려했다. 세종의 선정은 결국 우수한 인재 등용에 있었다.

또한 우리나라 최고의 재벌 S그룹 창립 회장이 "내 말을 잘 듣고 따르는 인재가 아닌, 나보다 실력이 나은 인재를 구하기 위해 나는 평생을 몸 바쳤다."라고 한 말이 생각난다. 나는 S그룹이 오늘날 자타가 공인하는 세계적 기업으로 성장함이 우연한 일이 아니라는 생각을 한다. 또한 외국에 큰 기업체를 새로 설립할 때는 필히 실력 있는 세계적 전문 경영인을 선임하여 운영을 맡겨 성공 확률을 높였다는 얘기도 들었다.

흔히들 인사가 만사라 한다. 그런데 우리나라 국회인사청문회를 보면서 정말 천하의 인재들을 뽑아 세계적인 선진국을 만들 생각이 있는지 의심스럽기도 하다. 아니면 내 코드 사람들을 모아 소위 자신들의 패거리 정치를 하려는 것인지 의구심을 가질 때가 한두 번이 아니다.

우리 주변에 뛰어난 인재들이 많다. 이들을 찾아 세계 제일의 선진국을 만들겠다는 생각을 않고, 굳이 혈연·학연·지연이란 코드에 갇혀 인재들을 구하다보니 국정운영이 제대로 잘 될 리가 없다. 그래서 늘 정국이 소란스럽다. 또 소시민도 아닌 국가 인재등용문이 이렇고 보니 기업이나 기타 하부조직체들은 말해 무엇 하겠는가.

우리는 지금 옛날과 많이 달라졌다. 세계 속의 한국만이 우리의 살길이다. 이 학연·지연·혈연 등 내 코드를 찾는 고질적 병폐의 벽을 허물지 않고는 더 이상 선진국가로 발돋움하기는 어렵다.

나는 저 유학에서 돌아올 인재들도 차별 없이 능력 따라 적재적소에 등용되길 간절히 바랄 뿐이다. 개인이 사사로이 학연· 지연· 혈연으로 정을 나누는 것까지 탓할 일은 아니다. 그러나 국가적 일과 기업 경영처럼 절대적 능력을 요구하는 일까지 정으로 해결하려 해서는 아니 될 일이다. 우리는 세계적인 인재를 등용 관리하는 통이 큰 지도자를 찾는다.

나는 저 흘러가는 강물을 바라보면서 내 마음을 씻는다. 강이 이 골짝 물, 저 골짝 물로 일일이 갈라져 흐르게 한다면 어찌 큰 강줄기를 이뤄 흘러가겠는가? 또한 강이 새로운 골짝 물들을 계속 받아들이지 않고 어찌 맑고 깨끗한 큰 강물을 이뤄 흘러갈 수 있겠는가? 강물은 이렇게 물결치며 유유히 흘러간다.

밥상머리 대화

나는 박눌朴訥한 사람이라 대화 문화에 익숙하지 못한 편이다.

내 생각을 논리적으로 차근히 말하거나, 또는 타인의 말을 수용하는 태도도 세련되지 못하다. 나는 대체로 이렇다하는 결론을 먼저 내려놓고 무조건 내 의견을 주장하는 대화법을 주로 사용해 왔다. 돌아보면 우리 사회 역시 자신의 생각을 무조건 주장하거나, 편을 갈라놓고 말하거나, 남의 말에 허리를 잘라 버리거나, 말꼬리 잡고 늘어지거나, 삿대질하는 대화 모습이 흔하다.

그래서 다들 대화가 부드럽지 못하고 세련되지 못하다고 한다.

이런 현상은 우리 민족성에도 바탕을 두고 있는 듯하다. 대화에 대한 우리 속담을 살펴보면 이를 잘 대변해 준다. '말 많은 집 잔치에 먹을 것 없다.' '말이 많으면 쓸 말이 적다.' '말 많은 집 장맛은 쓰다.' 등 말 많음을 부정적으로 보는 속담이 많다.

또 우리 사회는 말이 많으면 점잖지 않은 경박한 사람으로 본다. 이는 대화의 가치를 잘 모르는 데서 연유된 문제라 나는 생각한다.

세계 각국에 유대인은 1,500만 명 정도다. 70억 인구의 1% 미만에 불과하다. 그런데 그간 노벨상을 130여 명이나 받았고, 과학상의 약

30%가 유대인이 받았다. 이처럼 그들이 노벨상을 많이 받는 연유는 무엇 때문일까?

대개 토의 토론하기를 무척 즐기는 가정의 밥상머리 대화 문화에서 연유되었다고 본다.

그들의 부모는 학교에 가서 의문점이 있으면 꼭 질문하라고 늘 주문한다. 그래서 자율성, 창조성, 상상력을 한껏 길러준다. 그들은 지식과 경험이 아무리 많아도 질문이 없다면 한낱 모방이거나 답습에 지나지 않는 죽은 교육이라고 가르친다. 그것은 곧 탈무드 교육의 근간이 되는 정신이기도 하다.

그들은 아이들의 궁금증과 호기심을 최대한 풀어 상상력과 창의적 사고를 기르기 위해 무척 애쓴다. 우리 아이들은 학교에서 얼마나 질문을 할까?

일방적으로 지시 명령하여 순종적 아이로 키워가며 성적의 관리자 역할을 하는 우리네 어른들과는 대조적이다.

나는 가정에서 행하는 제반 대화를 '밥상머리 대화'라 명명한다. 그런데 우리의 밥상머리 교육은 말하지 않고 밥을 빨리 먹으라고 가르치는 가정이 대부분이다. 대화라 해도 무슨 문제가 생기면 대개 어른들의 말 한두 마디에 일방적으로 결론이 난다. 부부 간의 대화도 부드럽지 못하여 상대의 말문을 막고 자신의 주장만 전달하는 일방적 대화가 흔하다. 우리 아이들은 이런 대화법을 보고 듣고 익히며 자란다.

미국 머시드 캘리포니아대 강성모(66) 전 총장은 한국 사람으로서는 처음으로 미국 대학교총장을 지낸 사람이다. 퇴임(2011)하자 지역

신문 머시드 선스타의 사설에서 “4년 간 직업적인 성취뿐만 아니라 시 주민들과 개인적으로도 돈독한 인연을 맺은 총장 부부는 수많은 사람들을 만나 많은 대화를 통해 우리를 기쁘고 편하게 해줬다.”라고 칭송을 아끼지 않았다. 이처럼 인종과 문화가 달라도 바른 대화는 서로의 마음을 하나로 묶는 데 통했다.

우리 사회는 첨예하게 대립되는 일들을 대화로 풀지 못하고 물리적인 힘으로 풀려는 경향이 짙다. 요즘 여야 정치인들의 논쟁을 비롯해 노사관계 등은 진영논리에 갇혀 투쟁적이다. 사회 제반 갈등 문제들을 너나없이 대화로 풀어가는 일에 서툴다. 또 우리는 협상력이 너무 약하다. 그로 인하여 막말과 폭력이 난무하여 갈등이 심화되는 모습은 대화 교육에 문제가 깊은 것 같아 참으로 안타깝다.

2010년 9월, G20 서울 정상회의 폐막식에서 미국 대통령 오바마가 폐막 연설을 한 후, 개최국에 대한 예의로 한국 기자들에게 질문할 것을 요청했다. 아무도 질문하지 않아 몇 번이고 질문할 것을 청했으나 하지 않았다. 결국 중국 기자가 손을 들어 했다는 이야기를 들었다. 우리 기자들이 세계무대란 좋은 질문 기회를 주어도 이를 제대로 활용하지 못하는 까닭은 무엇 때문일까?

대화는 선진국 문화의 꽃이라 할 수 있다. 어릴 때부터 오랫동안 훈련을 거듭해야 제대로 꽃이 피워진다. 가정의 밥상머리 대화가 그 출발점이다.

나는 이 땅에 대화란 문화의 꽃을 활짝 피워야 창의성이 높아져 노벨상도, 민주적 가정과 선진 사회문화도 이룩될 수 있다고 생각한다.

나는 아침 일찍 일어나 산을 산책한다. 이때 아내와 많은 대화를 주고받으려고 애쓴다. 이런저런 생활얘기와 신문, 읽은 책, 작품 등의 이야기들을 비롯해 주요 시사점을 논하여 아내와 지식을 공유하고 제반 갈등들을 해소하려고 애쓴다. 나는 우리의 복잡한 미래 사회는 대화가 더 필요로 하는 시대가 도래될 것을 믿어 의심하지 않는다.

그래서 나는 우리의 굳어진 대화문화를 풀기 위해 밥상머리 식탁 대화를 스스럼없이 주고받도록 가족들에게 권하는 편이다. 특히 가족 모임에서는 대화가 활발하게 나눠지도록 분위기를 만들려고 무척 애쓴다. 가족 서로의 생각과 지식을 공유하려는 노력의 일환이기도 하다.

아직은 우리 가정에 커뮤니케이션이 미숙하다. 다만 토의 토론 대화문화의 꽃을 피워내기 위해 정성을 쏟는 중이다. 나는 올바른 '밥상머리 대화'는 우리의 미래 선진 문화인의 꽃을 피우는 출발점이라 생각한다. 나는 이 꽃이 우리 가정과 사회에 활짝 피워지기를 간절히 소망한다.

어릴 때 어떻게 지냈나요

요즘 자라나는 아이들을 보면 다들 놀랍도록 똑똑하다.

어린 나이인데도 일상에 주고받는 영어회화 정도는 쉽게 한다. 또 컴퓨터를 다루는 솜씨도 웬만한 기성인 못지않은 수준급이다. 또한 악기 한둘을 다루는 실력과 화가처럼 그리는 그림솜씨며 태권도, 합기도, 축구 등 운동하는 모습을 보면 어린애들의 수준이 아니다.

다 좋은데, 이렇게 되기까지 그 학습 과정들을 연상해 보면 아이들을 지나치게 혹사하는 일은 아닌가 하는 염려를 지울 수 없다. 서너 살 때부터 어린이 집, 유치원, 학원 등을 오가며 학습에 학습을 거듭한다. 심지어 어른이 해도 어려운 일과를 힘겹게 소화해 나간다. 아이들이 여유로운 시간을 좀처럼 갖지 못하는 것 같아 안쓰럽기도 하다. 이것이 좋다하면 뒤질세라 이것을, 저것이 좋다하면 또 저것을 놓치지 않고 열정을 쏟아 배움을 거듭한다. 자연히 부과되는 어른들의 경제적 부담 또한 만만치 않다.

나는 행여 우리 교육이 아이들을 완전한 사람으로 만들려는 지나친 욕심이 아닌가 하고 의구심을 갖기도 한다. 사람은 원래부터 완전할 수가 없다. 어쩌면 부족한 면들을 갖고 있기에 겸손한 인간미를 느끼기도 한다.

나는 생뚱맞은 생각을 한다. 부족함이 전혀 없었다는 완전한 사람으로 존경을 받는 공자와 소크라테스는 얼마나 행복했을까? 그의 자식들은 편안했을까? 그리고 세상 사람들은 왜 소크라테스의 아내와 공자의 아내를 소문난 악처라고 했을까?

열자에 보면 '양몰이 아이는 막대기 하나로 백 마리를 몰 수 있지만, 요임금 순임금도 그건 못한다. 공자도 집안은 잘 다스리지 못했다.'라고 했다. 한 번쯤 생각해 볼 일이다.

옛날 어느 한 사내가 완전한 여성을 찾기 전에는 평생을 독신으로 살기로 결심했다. 그가 늙었을 때 어떤 사람이 그에게 물었다.

"당신은 평생 완전한 여성을 찾기 위해 결혼하지 않고 천하를 돌아다녔는데 아직도 그런 여성을 찾지 못했습니까?"

"아니요. 딱 한 번 그런 여성을 만난 적이 있었습니다. 그런데 그녀도 나처럼 완전한 남성을 찾아 결혼하지 않고 있었습니다. 그런데 나 역시 그런 남성이 아니기에 그녀의 결혼 상대가 될 수 없었습니다."

만약 이 두 남녀가 결혼했다면 행복한 부부가 되었을까? 이 세상에는 완전한 사람도 없거니와 완전한 결혼생활도 삶도 존재하지 않는다.

옛날 우리 부모들은 그저 자식이 사람다운 품성을 조금이나마 갖추고, 제 소질과 능력 따라 제 깜냥만큼 학습하여 직업 하나 갖도록 하는 일이었다. 지금의 부모들 꿈은 그 단계를 훨씬 뛰어넘어 과욕을 부리는 것은 아닌지. 그 결과 요즘 아이들이 지쳐서 로봇처럼 그날그날 살아간다고 생각하는 일은 나만이 느끼는 기우일까.

주말에 손주들이 찾아왔다. 초등학교 2학년생 손자에게 학교생활이 재미있느냐고 물었다. 그렇다고 대답한다. 그리고 어린이 집에 다니는 5살 손녀에게 어린이 집 생활이 재미있느냐고 물었다. 그도 그렇다고 대답한다. 그런데 손녀가 갑자기 '할아버지!'하고 나를 부른다.

"할아버지는 어느 어린이집에 다녔는지?"라며 생뚱맞은 질문을 던진다.

나는 웃으면서 "어린이집에 다니지 않았다."고 답했다. 그러자 이번에 손자가 "어느 유치원에 다녔느냐?"라고 묻는다. "유치원에도 다니지 않았다"고 답했다. 그러자 "할아버지는 무슨 학원들을 다녔느냐?"고 또 묻는다. "아무 학원도 다니지 않았다."라고 했다. 이상하다고 생각한 아이들이 "그럼 할아버지는 어린 시절 무엇 하며 시간을 보냈느냐?"라고 묻는다. 글쎄다, 아이들이 이해토록 하려면 장황한 설명이 필요했기에 "옛날에는 어린이집이나 학원이 없어 할아버지는 다니지 못했다."라고 웃으면서 답하고 넘겼다.

돌이켜보면, 내 어린 시절은 자연산천이 어린이 집이고, 유치원이고 학원이었다. 산으로 들로 강으로 휘돌아다니며 언제나 자유롭게 동무들과 놀았다. 얼마나 재미나게 놀았던지, 끼니때를 놓치고 뛰놀다가 꾸중을 들은 기억이 한두 번이 아니다. 그렇다고 해서 고생하는 아이들한테 할아버지는 늘 자연 속에서 뛰놀았다고 말하기는 아이들의 질문에 어울리지 않았다.

"세살 버릇 여든까지 간다."라는 말이 전해온다. 행여 우리 아이들이 타의에 의하여 허겁지겁 사는 습관이 굳어져 자주적 창의적으로 살아갈 줄 모르는 사람이 될까 염려스럽다. 그렇다고 늘 자연 속에서 뛰논 나의 어린 시절이 이상적이라 말하고 싶지는 않다. 그러나 지난날 나의 어린 시절은 스스로 생각하며 행동할 여백이 많았다. 지금의 아이들에게는 그런 여백이 없음이 조금은 안타깝다.

우리의 교육 현실은 선진국 유럽이나 유태인들의 아이들 교육과는 너무나 다르다. 난들 현실의 어려움을 모르는 바는 아니다. 행여 어른들의 과욕으로 로봇과 같은 아이들로 키워질까 염려스럽다.

미래 경쟁사회는 자주적이고 창의적인 사람이 절실히 필요로 하는 시대다. 그런데 우리 교육이 정반대의 길로 가고 있는 것은 아닌지. 스스로 생각할 여백이 없는 우리 아이들의 교육! 이 염려가 현실을 모르는 한 사람의 기우이길 바랄 뿐이다.

독립유공자비 건립식 참석기

-거인 류진옥 선생 파리장서비 제막식-

전 미국 대통령 오바마는 이국 땅 아프가니스탄 전투에서 전사한 미군 병사들을 맞이하기 위해 새벽 2시 공항에 나갔다. 성조기에 덮인 병사들의 시신 앞에 거수경례로 그들을 정중하게 영접했다. 아! 저것이 미국 장병들의 명예를 지키는 국가원수의 정신이구나, 보는 이들의 가슴을 뜨겁게 했다. 그들은 나라를 위해 목숨을 바친 병사들에게는 국가가 그 공적을 잊지 않고 높이 예찬한다는 확신을 온 국민들에게 심어주었다.

우리는 나라를 위해 목숨 바친 군인 용사들의 몇 주기 추모행사에 대통령이 참석했느냐, 안했느냐 하며 차갑게 논쟁을 일삼는 기사를 보았다. 나는 이해하기 어렵다. 한 나라에 안보 정신을 지키는 것보다 우선하는 일이 어디 있으랴?

이제 해방이 된 지도 어언 70여 성상이 흘렀다. 3·1절 행사가 전국 곳곳에서 진행된다. 잃어버린 나라를 되찾겠다며 목숨 걸고 싸워온 순국선열들을 우리는 지금까지 어떤 태도로 기려왔는지를 돌아볼 때다.

나는 지난 3월 2일 경남 김해 연지공원에서 한국유림 독립운동 파리장서 유공자비 제막식에 참석했다. 한국유림학자들이 일제에 항거하여 연명한 『파리장서』를 만국평화회의장 프랑스 파리에 보낸 사건을 기리는 비다.

이는 경남도비와 김해시비로 건립한 비의 제막식이다.

「파리장서」는 전국 유림학자 대표 137인이 일제의 핍박과 위협에 굴하지 않고 대한민국은 자주독립국임을 세계만방에 당당히 주창한 독립운동이다. 암울한 일제강점기에 삼엄한 경계를 피해 전국 유림학자들이 비밀리에 뜻을 모아 연명했다. 당시 일제에 항거하여 서명하는 일은 목숨을 건 결단이기도 했다. 까닭은 자신의 고초는 물론 가솔들의 고통도 각오해야 하는 상황이었기 때문이다.

당시 「파리장서」에 서명한 김해 출생 유림학자 네 분 중에 한 분이 저자의 처조부인 거인居仁 류진옥柳震玉 선생님이다.

부산일보 기사를 빌리면, 거인 류진옥 선생은 용단을 내려 파리장서에 서명한 후 경찰에 잡혀가 많은 고초를 겪기도 했다. 그리고 평생동안 왜경의 감시 대상자가 되었다. 그 후 선생은 김해 청산정淸山亭에서 후학들에게 강학講學을 통하여 애국애족 정신을 고취시켜 나갔다.

선생은 총명이 과인하고 평소에 몸가짐이 깨끗하며 처신함이 속되지 않았다. 시문과 학덕이 뛰어나 주변 학인들까지 공경하는 김해지방의 삼옥三玉 중 한 분이다. 선생의 실천적 지식인으로 독립운동과 민족교육에 헌신한 그 공적들을 기려 정부에서는 건국포장 서훈을 추서했다. 선생이 남긴 저서로는 『거인유고居仁遺稿』 5권이 전한다.

나는 오래 전에 아내와 함께 서울 장충단공원을 찾았다. 그곳에 「한국독립운동 파리장서비」가 세워져 거인 선생의 존함이 함께 한다기에 추모 차 갔다. 그런데 이 「파리장서비」는 당시 나라 살림이 궁핍하여 정부 지원 일부와 그 후손들이 십시일반 모금하여 세워졌다고 한다. 그때 이 비석을 세우기 위해 추진한 분의 말을 빌리면 안타까운 이야기들이 많다.

모금을 위해 유족 집집을 찾아 갔을 때 일부 집안은 쇠퇴, 몰락하여 없거나, 또는 가난하여 자식이 나뭇짐을 지고 집으로 들어오는데 차마 돈 이야기를 입에 담기가 민망스럽더라고 회고했다. 그래서 사정이 너무 딱한 집에는 오히려 돈을 주고 왔다고 했다. 또 어떤 유족은 전 재산을 독립운동에 바쳤기에 후손은 가난을 견디지 못해 남의 집 머슴살이를 하고 있더라고 한다.

서슬이 퍼런 일제치하에 독립운동을 하면 당사자는 물론 그 가족들이 편안하게 생활하도록 두지를 않았다. 온갖 꼬투리를 잡아 투옥시켜 고문하고 문초하여 닦달하거나 요주의 인물로 지정하여 항상 그들의 주변 사람들이 감시 속에 생활하도록 했다. 본인은 물론 그 가족들이 겪은 고초는 일일이 열거하기가 어렵다고 한다.

그래서 '독립운동을 하면 3대가 망한다.'는 말이 있다. 이 말 속에는 왜경이 독립운동을 하는 사람들의 가문을 철저하게 망하도록 괴롭혔다는 말이다. 그 여파로 독립운동가의 후손들 가운데는 지금도 가난의 굴레에서 벗어나지 못하는 가문이 많다. 중국군 중장까지 올라 항일 전쟁을 이끈 이상정 장군의 후손은 15만 원짜리 사글세방에서 기초생활수급자로 살고 있다는 신문기사다. 이처럼 해방 후에도 빈곤층으로 전락해 버린 독립운동가의 후손들이 많다. 일부 독립투사는 전 재산을 독립운동에 바친 후 가족을 돌보지 못해 자식들은 배우지 못하고 무지와 가난 속에 허덕인 경우가 한둘이 아니라 한다.

이와 반대로 친일파 자식들은 대부분 대학공부를 마치거나 또는 유학까지 하고 돌아와 곳곳에 내로라하는 요직을 차지하고 앉아 떵떵거리며 잘 살았다. 또 일제치하에서 순사로 살면서 독립 운동가들을 잡아 온갖 고문을 일삼던 사람이 해방 후에도 경찰 간부가 되어 애국지사들을 잡아 다시 사상이 의심스럽다면서 취조하더라는 웃지 못 할 일화가 전해진다.

전광용이 쓴 『꺼삐딴 리』란 소설이 생각난다. 주인공 이인국이란 의사는 일제시대에는 친일로, 러시아의 지배권에 있을 때는 친 러시아로, 또 미국의 지배권에서는 친미로 살아가며 온갖 영화를 누리는 꺼삐딴 리가 된다. 어려움에 처한 조국과 사회를 외면한 채 오직 자신의 영화로운 삶을 위해 그때그때 적당히 눈치 보면서 빌붙어 살면 된다는 생각을 하는 전형적인 매국노다. 역사를 바르게 심판하고 바로 세우지 못하면 이런 인간들이 득세를 하는 나라가 된다.

혹자는 해방 후 나라에 인재가 없어 할 수 없이 친일 세력들을 채용했다고 변명한다. 혹은 미군정이 다스리고 있어 우리가 어쩔 수 없었다고도 한다. 이는 일고의 가치도 없는 구차한 변명에 지나지 않는다. 아무리 위급하고 늦어도 할 일과 아니해야 할 일이 구분되어야 한다. 이는 두고두고 이 나라의 정통성에 짐이 될 일이다.

역사를 바르게 정립하지 못한 나라는 자긍심을 기대할 수 없다. 또한 나라의 역사는 하루아침에 정통성이 이룩되는 법도 아니다. 뿌리부터 바르게 심어져 바르게 자라도록 해야 역사가 제대로 세워져 국가 미래가 밝은 법이다.

미국은 보훈장관을 국무위원 네 번째 서열에 두고 순국한 선열들에게 철저하게 보상하고, 최상의 정신적 위무를 아끼지 않는다고 한다. 우리도 나라를 위해 몸 바친 선열과 병사들에게는 대통령이 꼭두새벽이라도 달려가 정중하게 예를 갖추어 맞이하는 풍토가 하루속히 조성되기를 희망한다.

나는 제막식을 마치고 서울로 돌아오면서 깊은 생각에 잠겼다. 다시는 이 땅에 나라 잃는 불행은 없어야 할 일이다. 그리고 거인居仁 선생의 생전에 삶을 연상하며 되새김질해 보았다. 나라 잃은 유학자로 얼마나 가슴 아픈 울분의 나날을 사셨을까? 또한 후손들의 삶이 얼마나 고달팠을까? 거인의 올곧은 애국정신을 받들며 오늘을 사는 후손들의 자긍심에 나는 찬사를 보냈다. 그리고 조용히 옆에 앉은 아내의 손을 잡고 묵도默禱했다.

제3부
데카르트, 강물은 제대로 흐르고 있는가

내가 그리고 싶은 명화 한 폭

모든 생명체는 원천적으로 사랑의 응결체다.

누구나 사랑의 결실로 태어났고 자라며 살아가다가 언젠가는 사랑 속에 죽음을 맞게 된다. 그 사랑 속에는 이런저런 묵시적 약속들이 이면에 담겨져 있기 마련이다. 또한 책임이란 신의를 동반하기도 한다.

18C 루이 16세 때 프랑스혁명이 일어나자 튈르리 궁에는 약 8백 명 정도의 스위스 용병들만이 지키고 있었다. 전세戰勢가 기울어지자 루이 16세는 "이제 그대들 모두는 각자 살길을 찾아 가라."고 했다. 그때 용병들은 "저희는 오로지 전하를 보호하겠다는 약속을 한 사람들입니다. 우리가 약속을 저버리고 도망을 가면 앞으로 누가 스위스 용병을 믿겠습니까?"하며 거절했다. 그리고 "우리는 전하를 사랑합니다."하고 모두 장렬히 전사했다. 그래서 스위스 용병은 오늘날까지 세계 제일의 용병으로 사랑을 받는다.

우리의 사랑에 이와 같은 신의가 함께 하지 않는다면 누가 믿고 사랑할 수 있을까? 어찌 신의뿐이랴. 애정, 헌신, 희생, 배려의 의무가 동반되었을 때 우리 사랑은 아름다운 결실을 맺기 마련이다.

연인들이 처음 만났던 초심으로 돌아가 본다. 다들 나와 다른 성의

미를 사랑했고 이해하고 배려하는 마음에서 출발했다. 어찌 삶에 봄만 있으랴, 계절의 흐름 따라 삼복더위와 낙엽 지는 가을과 엄동설한의 계절이 어찌 없으랴.

우화寓話 한 편이 생각난다. 사자와 소가 열렬히 서로 사랑을 했다. 그런데 사자는 소를 너무나 사랑하기에 그를 위해서 자신이 이 세상에서 가장 좋아하는 고기를 지극정성으로 주었다. 또한 소 역시 이 세상에서 가장 좋아하는 싱싱한 풀들을 사랑하는 사자에게 주었다. 결국 사자와 소 둘은 헤어지고 말았다. 그들은 자신의 생각을 따라 일방적으로 상대를 사랑했다. 서로가 상대의 눈높이로 마음을 헤아리며 사랑했다면 그들에게 이별은 없었을 일이다. 이처럼 사랑은 언제나 상대의 마음을 헤아리는 데서 출발해야 한다.

그런 배려가 없는 사랑은 일방적 자기 아집이다. 결혼은 상대를 배려함을 전제로 한 사랑의 약속이다. 그 묵시적 약속을 지킬 것이라는 믿음이 내면에 깊이 깔려 있기 마련이다. 그를 저버릴 때 우리의 사랑은 서서히 금이 가기 마련이다.

원래부터 남녀는 성이 다르고 성격이 다름은 물론 좋아하는 문화와 취미와 생각도 다르다. 어쩌면 남편과 아내 사이에는 같은 면이 별로 없는지 모른다. 또한 흔히들 연애를 하다가 결혼이란 열매를 얻게 되면 자신의 사랑이 이제 완결판으로 착각한다. 인간 사랑의 속성은 언제나 미완성이고 현재 진행형이다. 엄격히 말하면 결혼은 새로운 사랑이 시작되는 위험한 출발점인지 모른다. 그런데 남남이 만난 결혼은 제 멋대로 행동해도 된다고 생각하면 큰 오산이다. 결혼하면 남편과 아내는 하나이면서 분명 둘이다.

둘은 사랑만으로 사는 존재는 물론 아니다. 때로는 엄연히 현실생활을 함께 하는 동업자이기도 하다. 아내는 아내의 길을 걸어가고 남편은 남편의 길을 걸어갈 뿐이다. 그러면서 우리는 부부의 길을 함께 걸어간다. 잘 살고 못 산 삶이 어디 있는가? 다만 최선을 다한 삶과 최선을 다하지 않은 삶이 있을 뿐이다.

풍랑 없는 바다가 어디 있는가. 남편과 아내가 함께 항해하며 풍랑을 헤쳐 나가다보면 이런저런 고통이 없을 리 없다. 그것은 이미 예상된 일이다. 그럴 때 둘은 사랑과 신의와 책임감으로 함께 헤쳐 나가야 할 의무가 뒤따른다. 지난날 항해 길을 뒤돌아보면, 그 격정의 파도와 바람들이 때로는 귀중한 추억으로 남는다. 그래서 나는 내 나름대로 꼭 그리고 싶은 명화 한 폭이 있다.

먼 훗날 나는 이런 대화를 나누리라. "당신 나와 함께 끝까지 걸어주어서 고맙소." "당신 덕분에 삶이 외롭지 않았고 행복했습니다." "아니요, 당신과 함께 걸었기에 걸음들이 행복했지요. 고맙습니다." 서로 손을 잡고 황혼의 들녘을 나란히 걸어가는 우리 부부의 뒷모습! 이것이 내가 황혼에 그리고 싶은 명화名畵 한 폭이다. 제대로 그려지려나?

문門을 활짝 열어놓고 살면

어느 날 생뚱맞게도 새 한 마리가 사무실 안으로 날아들었다. 갑작스러운 새의 출현으로 사무실 안이 야단법석이 났다.

여름이라 사방 창문을 활짝 열어 놓았기에 새가 들어오기는 했는데, 나가려다 반쯤 닫힌 유리창에 부딪혀 자꾸 떨어진다. 새의 시력이 뛰어나다하나 투명한 유리창문의 열림과 닫힘을 구분하기는 어려운 모양이다.

문득 조선 말기 우리 위정자들이 생각났다. 당시 위정자들이 세상을 보는 눈이 저 새와 흡사하게 열린 문과 닫힌 문으로 인한 나라 운명을 헤아리지 못했다. 그래서 '서양과 친한 것은 곧 나라를 파는 일이다.' 오판하고 척화비를 세워 나라 문을 꽁꽁 닫기만 했다. 그로 쇄국은 암흑의 역사를 가속화시켰다. 그 후손들은 값비싼 교훈으로 깨달았기에 지금은 나라 문을 사방으로 활짝 열어놓고 온 세계를 내 나라처럼 오가며 살아간다.

프랑스의 20C 사상가 로맹 올랑은 "인생은 영원한 전쟁이다. 끊임없이 과거와 미래가 싸우고 있다. 이 전쟁에서 낡은 법칙은 분쇄되고 새로운 법칙이 대신하며 그 법칙 또한 멀지 않아 파괴되고 만다."라고 했다. 우리는 오랜 세월 낡은 법칙을 과감히 분쇄하지를 못했다.

나 역시 그간 과거의 관념에 지나치게 사로잡혀 살아온 날이 많았다. 이것이 아니면 절대로 안 된다. 저것이 아니면 살아갈 수 없다. 어리석게도 굳게 문들을 꽉 닫아놓고 살아온 날들이 많았다.

그리스 사학자 헤로도투스(Herodotus)가 쓴 『역사』 책에 재미난 일화가 있다.

그리스 사람들은 사람이 죽으면 화장하는 관습을 가졌고, 인디언 칼라티안 부족은 누구든 죽은 시신을 먹는 관습을 가졌다. 그래서 다리우스 왕은 이들의 잘못을 고쳐주기 위해 어느 날 그리스인 한 명에게 '네가 죽은 부모의 시신을 먹는다면 돈을 달라는 대로 내가 주겠다.'라고 제안했다. 그리스인은 사색이 되어 죽어도 그런 짓은 못한다고 강하게 거절했다.

한편 왕은 인디안 칼라티안 부족 한 사람에게 '네가 죽은 부모의 시신을 화장한다면 돈을 달라는 대로 주겠다.'라고 제안했다. 그 역시 사색이 되어 죽어도 그런 짓은 못한다고 거절했다.

이 이야기를 듣고 보면, 자신들의 전통적 장례의식으로 보아 각각의 주장들이 타당한 답변이다. 그리스인은 화장이 절대로 옳다고 생각하며 살았고, 칼라티안인은 화장은 절대적으로 옳지 않다고 생각하며 살았다.

이 일화는 세상이 날로 급변하는데 문을 굳게 닫아놓고 살면 변화할 수 없음을 일러주기 위한 예화다. 또한, 스스로 문을 열지 않으면 결국 자신마저 문 안에 갇혀 옳고 그릇됨을 모르고 살기 마련이다. 문을 열거나 닫는 일은 온전히 자신의 마음이다.

세상은 사방천지가 항상 열려있는 창조적 우주다. 그런데 우리는 자기가 아는 지식, 생각의 아집에 갇혀 문을 겹겹이 닫아놓고 그 속에서 갇혀 사는지 모른다. 결국 우주를 보기는커녕 벽 속에 갇혀 자신의 처지를 잘 헤아리지 못하는 꼴이 된다.

새가 여러 번 탈출을 시도하다가 꺼꾸러져 숨을 할딱이며 공포감에 온몸을 떤다. 그제야 새는 자신이 사방의 벽 속에 갇혔다고 절감하는 모양이다. 나는 창문을 더 활짝 열기 시작했다.

세계 역사를 더듬어 보면 문을 닫아놓고 산 역사와 열어놓고 산 역사는 그 결과가 확연히 달랐다. 닫아놓고 사는 국가, 사회, 개인은 결국 퇴행하다가 소멸하고, 열어놓고 살아온 개인과 사회와 국가는 날로 발전 번창하여 왔다. 이는 오랜 인류 역사가 이미 증명한 엄연한 사실이다.

우리는 국토가 비록 좁다고 해도 지금 경제영토 상으로는 세계 국가의 75%까지 열어 확장시켰다. 그래서 나라 경제가 세계 10위 안팎이 되었다. 이처럼 문을 활짝 열어 세계화로 살았기에 삶의 공간이 넓어졌고 풍요로워졌다. 이 대목에 주목할 필요가 있으리라.

사무실로 날아든 새는 날갯죽지를 여러 번 유리창에 부딪히고서야 결국 열린 창문을 겨우 찾았다. 그제야 새는 바삐 날개깃을 치며 자유롭게 창공을 비상했다. 비상하는 모습이 참 아름다워 보였다.

고추좀잠자리의 결혼비행

벗으로부터 전화가 왔다. 모쪼록 부부가 서너 달 남짓 크루즈여행을 포함한 유럽여행을 떠난다는 연락이다. 한 번 간다는 것이 어언 수년이 흘러 이제야 결행하게 되었다는 이야기다. 이런저런 사연으로 가지 못했는데, 모쪼록 시간을 마련하여 떠나게 되었다며 좋아했다. 나는 진심으로 축하의 뜻을 전했다. 즐겁게 여행하고 건강한 몸으로 돌아와 여행담을 들려달라는 말로 인사를 대신했다.

지난날이 스쳐 지나간다. 6·70년대 우리네 살림살이가 지금에 비하면 참 어려웠다. 사정이 여의치 않아 신혼여행은 물론 변변한 여행을 제대로 가기가 힘들었다. 대부분 어렵게 공부를 마치자마자 결혼을 하고 직장생활로 고달픈 삶의 연속이었다. 신혼여행은 국내 관광지를 찾는 일이 대분이었다. 그마저 어려워 못가는 벗들도 많았다.

그 후 힘든 직장생활 속에 부모를 봉양하고, 형제자매 뒷바라지 하고, 자식들 교육을 마친 후 결혼시켜 보내기까지 숨 가쁜 생활이었다.

그런 친구가 이제야 그간 하지 못한 몫까지 덧셈하여 부부가 유럽 크루즈여행까지 곁들여 결혼비행을 떠난다고 했다. 막상 떠나자니 건강이 걱정된다는 말을 덧붙인다.

나는 친구가 던진 '결혼비행'이란 말에 방점을 찍었다. 그러자 가을철 고향 냇가 잠자리들의 '결혼비행'이 연상되었다. 우리가 가을에 냇가로 나가면 잠자리 암수가 앞뒤로 몸을 붙여 한 쌍이 되어 비행하는 모습을 자주 보았다. 우리는 이를 '결혼비행'이라 했다. 암수가 한 몸이 되어 하트 모양을 하곤 유유히 들길을 화려하게 비행하는 모습은 멋스럽고 낭만적이었다.

우리가 부지런히 그 뒤를 쫓아가면 따라 오란 듯이 앞질러가며 안내했다. 그들의 비행 솜씨는 곤충계의 으뜸이다. 빠르게 날다가도 곳곳의 장해물을 용케도 요리조리 날렵하게 피하는 솜씨며, 수직 비행에서 후진까지 자유자제로 움직이는 모습은 과히 신비에 가깝다. 우리는 잠자리들과 앞서거니 뒤서거니 시간 가는 줄 모르고 흥겹게 놀기 일쑤였다.

나는 그 잠자리들의 삶에 고통스러운 일생이 있었음을 나중에야 알게 되었다. 특히, 우리가 흔히 보는 붉은 고추좀잠자리는 11월 초나 중순이면 암컷이 꼬리를 물에 꽂고서 알을 낳는다. 알은 추운 겨울이 와 물이 차가워지면 자람을 멈추고, 봄이 올 때까지 고통스럽게 깊은 동면을 취한다.

그들은 번데기 과정을 거치지 않고, 3월 봄 햇살에 물이 더워지면 애벌레로 변신한다. 그 애벌레는 낡은 껍질을 벗고 점차 크게 자라는데 일생동안 14~15번 정도로 고통스러운 허물 벗기를 되풀이하여 조금씩 성숙해 나간다.

그들이 자라 높은 산을 오르는 까닭은 한여름 평지의 기온이 30도를 넘게 되면 더워서 활동을 못하고 죽게 되기 때문이다. 살기 위해 바람을 따라 기온이 낮은 산 위를 오른다. 그들은 그간 고통스러운 고비를 수없이 넘긴 끝에 산 정상에 올랐다가 시원한 가을바람이 불어오면 산 아래로 내려와 암수가 만난다. 그리고 짝을 지어 꿈같은 결혼비행을 즐긴다고 한다. 그 후 그들은 추운 겨울이 오면 물가에 알을 낳고 여생을 마감한다. 이 애기가 잠자리의 일대기다.

오늘 모쪼록 여행을 떠나는 친구의 삶 속에서 잠자리의 삶이 서서히 겹쳐졌다. 까닭은 우리의 삶과 너무나 흡사하다는 사실을 알았기 때문이다.

내 친구의 삶에도 사계절이 있었다. 추운 겨울에서 여름의 삼복더위와 하늘의 먹구름과 천둥 비바람이 있었다. 잠자리의 비상 뒤에는 먹이를 노리는 매서운 새들의 눈매와 곤충들의 공격을 비롯하여 무수한 양육강식의 투쟁이 주변에 많았다. 그들은 그 속에서 제대로 살아남아야만 했다. 그리고 수십 번 뼈를 깎는 허물벗기를 해야 했다.

친구는 그 과정들을 거친 후 이제야 '결혼비행'이란 보상의 여행을 즐기는지도 모른다. 어쩌면 우리네 삶이 다 유사하다. 우리는 고통과 시련과 땀과 눈물의 고개들을 수없이 넘어 왔다. 다들 몇 편의 소설 같은 이야기를 제각각 쓰면서 살아왔다. 몇 친구들은 지독한 가난의 고통을 이기지 못해 중도에 하차하기도 했다. 또한 병약함을 이기지 못해 안타깝게도 세상을 일찍 떠나기도 했다.

나는 벗의 삶을 잘 안다. 그 동안 그는 여러 어려운 삶들을 지혜롭게 잘도 극복했다. 그래서 자수성가한 사람이란 평을 받는다. 그 부부는 많은 골짜기를 지나 고개를 넘고 살아오면서 수없이 허물벗기를 하며 하나둘 이룩해 왔다.

나는 오늘 고향 실개천에서 결혼비행을 즐기며 놀던 때를 생각했다. 비록 잠자리가 미물이지만 생명체가 살아가는 일은 예외 없이 모두 이런저런 시련과 고통들을 피할 수 없는 현상이다. 그 과정들을 하나둘 헤쳐 온 시간들이 어쩌면 우리네 삶의 공통된 이력들이다.

그런데 뒤돌아보면 이제는 지난 이력이 아름다운 추억으로 마냥 그립기까지 하다. 오늘과 같이 맑은 가을 하늘 나는 고향 들판으로 훌쩍 날아가 고추좀잠자리의 결혼비행을 즐기고 싶다.

인생 마라토너

우리나라 마라톤 대표 L선수가 은퇴를 한다는 기사다.

오래 전 아시아 올림픽 대회 때, 그가 땀을 흠뻑 흘리며 1위로 아스팔트 위를 외롭게 달려오던 모습이 생각났다. 그는 더위에도 아랑곳없이 먼 거리를 힘겹게 달렸다. 숨이 목에 꽉 차도록 달리던 그가 벌써 사십이라니, 어쩌면 마라토너의 한계에 이른 모양이다. 이제 선수로서의 생활을 접고, 조금 쉬었다가 지도자의 길을 걷겠다고 한다. 나는 제2의 인생 마라톤을 시작하는 그의 앞날에 밝은 빛이 있기를 희망한다.

마라톤은 옛날 페르시아와 아테네 군이 마라톤이란 지역의 골짜기에서 치열하게 싸운 데서 유래한다. 그곳에서 페르시아군 2만 명, 아테네 군 1만 명이 전투를 했다. 전투 결과는 페르시아 군 6,400명과 아테네 군 192명이 전사하였다. 아테네 군의 대승을 알리기 위해 한 병사가 27마일을 달려가 "우리 군대가 이겼다."라고 외치곤 장렬히 숨을 거두었다. 이를 기념하여 생긴 일이 오늘날의 마라톤 경기다.

흔히들 우리는 인생을 마라톤에 많이 비유한다. 마라톤 경기는 인간의 육체적 한계를 넘어 쉼없이 달려 제일 빨리 도착한 선수가 우승자가 되는 1, 2, 3 … 등위가 정해진다. 그런데 인생 마라톤은 실제 마라톤 경기와는 달리 등위가 없다. 올림픽 마라톤은 빨리 달리는 기록 경기지만, 인생의 삶은 기록게임이 아니다. 즉 인생의 마라톤은 내가 지향하는 목표에 도달하기 위해 먼 거리를 꾸준히 달려갈 뿐이다.

인생은 치열하게 달려가다가도 때로는 좌절, 실패, 후회하기도 한다. 또 중도에 쉬면서 달려온 길을 뒤돌아보기도 하고, 천천히 걷다가 다시 앞으로 달려가는 게 인생 마라톤이다. 흔히들 쉼이 곧 죽음인 양 무작정 속도에 매달려 목에 숨이 꼴깍 차도록 달려가는 사람들을 흔히들 본다. 그것이 꼭 바른 삶일까?

삶이 무엇이며, 왜 사는지. 그 맛과 향기를 모른 채 허겁지겁 속도에 중독되어 달리는 마라톤 경기 같은 삶을 우리는 잘 산 삶이라 할 수는 없으리라. 이는 어쩌면 과녁을 향하여 휘달리는 화살에 불과한지도 모른다.

나는 이런 글을 읽은 적이 있다. 사람들은 달리기 경주하면 토끼와 거북이를 연상한다. 사실 이 둘은 처음부터 경주가 형성되지를 않는다. 애초에 깡쭝깡쭝 뛰는 놈과 엉금엉금 기는 놈이 상대가 된다고 생각하는 사람은 아무도 없으리라. 그런데 뛰는 토끼가 기는 거북이한테 왜 졌을까?

그 까닭은 처음부터 토끼는 거북이를 경쟁자로 보고, 이기는 데 목표를 두었는지 모른다. 그래서 거북이를 많이 앞지른 토끼는 한숨 푹 잠을 자도 이길 수 있다고 생각했을 게다. 그러나 거북이는 처음부터 토끼를 의식하지 않았다. 그는 오직 자신이 원하는 지점에 도달하는 것이 목표다. 둘은 각각 다른 생각을 했다. 토끼는 육상 마라톤 경주를 했고, 거북이는 인생 마라톤을 한 셈이다.

인간의 욕망은 채울 수 없는 무한대다. 현대 많은 사람들이 무섭게 달려가는 가속도에 너무나 귀하고 아름다운 삶의 의미들 즉, 멋과 향기들을 못 느끼고 지나쳐버리는 것 같아 안타깝다.

인생 마라톤의 목표는 이상 실현에 있는 만큼 가끔 쉼표를 찍어놓고, 이런저런 삶의 의미를 성찰해도 된다. 때로는 주변을 돌아보며 자연을 애찬하고 즐기며 낭만적 노래를 불러 봐도 좋을 일이다. 산을 만나면 산천을 즐기고, 개울을 만나면 물가에 손발도 씻고, 바다를 만나면 파도를 노래하고 사람들과 더불어 여유롭게 정담을 나눔도 무방하리라. 또한 이런저런 생각을 즐기는 일도 괜찮은 일이다.

인생 마라톤은 1, 2, 3 … 등위가 없다. 아무도 나의 삶에 등위를 매기지 않는다. 나의 이상실현을 위해 최선을 다하여 가슴 뛰는 나의 삶을 즐겁게 살아가면 된다. 그냥 내 깜냥껏 내가 목표한 지점을 향하여 거북이처럼 한 걸음씩 옮겨가는데 의의가 있으리라. 토끼처럼 남과 비교하며 눈치를 보거나, 시샘하며 치열한 고속질주에 매달릴 필요는 없다. 물론 이는 물정 모르는 백면서생白面書生의 이야기라 할 수도 있으리라. 그러나 그렇게 속도에 매달리다가 결국 늘그막에 뒤돌아봐 숨찬 지난날 자신의 삶에 허망감을 느끼는 이가 너무나 많다.

나는 눈을 지그시 감고 묻는다. 그간 나는 마라톤 경주를 하며 달려온 삶인가, 아니면 인생 마라톤을 하면서 살아왔는가?

인생은 한낱 꿈이든가

승僧 일연이 쓴 『삼국유사』에 「조신의 꿈」이란 이야기가 전해온다.

애기인즉, 신라에 조신이란 승려가 하루는 태수 김흔 공의 딸을 한 번 보고는 오매불망 잊지 못한다. 그런 후 그는 관음보살상 앞에 늘 엎드려 그녀와 살면 원이 없겠으니 부디 함께 살게 해달라고 애원하며 기도한다.

어느 날 그 처녀에게 혼인을 약속한 배필이 생겼다는 입소문을 듣는다. 그는 즉시 관음보살상 앞에 엎드려 간곡하게 빌고 빌었다. 종일 기도하다 원망하며 슬퍼하는 동안 밤이 점점 깊어지자 그는 지쳐 깜박 잠이 들었다.

그때 법당 문이 조용히 열리더니 김흔 공의 딸이 활짝 웃으며 들어왔다. "저는 스님을 뵙고 난 후 잠시도 잊은 적이 없었습니다. 부디 저와 결혼합시다."라고 간청하자 조신은 뛸 듯이 기뻐하며 고향에 내려가 살자고 했다.

그들은 조신의 고향에 가서 꿈같은 몇 년을 살았다. 그런데 시간이 흐를수록 아이들도 다섯이나 태어나 일곱 식구의 끼니를 걱정할 지경에 이르렀다. 자식들은 배고파 울어댔다. 조신 혼자 품팔이로 식구들을 돌보기는 어려웠다. 결국 그는 누더기 옷을 입고 거리를 헤매어도 일곱 식구를 건사하기 어려워 마침내 처자식들까지 동냥하기에 이르렀다.

어느 날 허기진 큰딸이 고개를 넘다가 아파 죽었다. 둘째 딸은 동냥하다 개한테 물려 절뚝거렸다. 부부는 서로 부둥켜안고 한없이 울었다. 그들은 결국 늙고 병들어 동냥도 못할 지경에 이르렀다.

하루는 아내가 "서방님! 제가 처음 당신을 만났을 때는 젊고 얼굴도 잘생겼으며 옷차림도 깨끗했지요. 인연을 맺어 함께 살아오면서 적은 음식도 나누어 먹고, 옷감도 나누어 해 입었습니다. 그간 정情도 사랑도 깊어졌습니다. 그러나 부모로서 더 이상 자식들을 굶길 수는 없습니다." 두 사람은 한숨만 쉬다가 아내의 의견 따라 자식들을 둘씩 데리고 헤어지기로 했다.

"저는 제 고향으로 가고, 서방님은 남쪽으로 가십시오." 그리고 헤어져 길을 떠나려는 순간 조신은 눈을 번쩍 떴다. 모든 것이 어젯밤 그대로인 법당이라 지금까지의 일들이 꿈이었음을 알게 된다.

그는 관세음보살상을 바라보기조차 민망스러웠다. 수도자가 한때나마 부질없는 세속의 욕망에 사로잡혀 있었다는 사실을 깨닫고 부끄러웠다. 그 후 그는 인간 삶이 한낱 꿈임을 알고, '정토사'라는 절을 세운 후 오직 부처님을 섬기며 불심에 전념했다.

「조신의 꿈」은 세상살이를 경험하고 꿈에서 깨어나 삶의 참다운 이치를 깨닫는다는 환몽설화幻夢設話다. 이처럼 삶을 꿈에 빗대어 표현된 얘기는 예로부터 많다. 다들 사사로운 부귀영화에 너무 집착하지 말라. 다 무상한 것이라는 교훈을 주는 이야기들이다. 인생의 삶을 종교적 측면에서 보면 어쩌면 험난한 자기수행의 길인지도 모른다.

나 역시 지난날을 돌아보면 내 삶의 희로애락이 한바탕 꿈을 꾼 것 같은 착각에 사로잡히기도 한다. 시련과 고통도 많았다. 인생에 그만한 수행과정이 없이 어찌 제대로 살았다 하랴. 산해진미에 부귀영화를 누렸다 하여 그것으로 인생 수행을 제대로 다했다 하랴. 나를 위로하며 다독인다.

나도 젊은 시절 한때 아내와 부부의 연이 맺어지기를 간절히 애원하며 기도한 적이 있다. 그런데 꿈이 이룩된 현실은 고달프고 힘든 시간의 연속이었다. 지금 돌아보면 세상살이가 한바탕 꿈에 지나지 않는다는 생각이 가끔 든다. 때로는 아름다웠지만 그 시간은 너무나 짧았다.

처음 연애시절 우리는 서로가 오매불망 그리운 연정으로 만났다. 나는 결혼 후 자식 낳고 가정을 꾸려 살면서 가족들 건사하기에 바빴다. 부귀영화를 누렸다기보다는 이런저런 고행 속에 살아온 수행과정이 더 길었다. 어쩌면 「조신의 꿈」과 오십보백보인지 모른다.

나의 삶이 세월의 풍랑에 휘둘린 물결처럼 출렁이어온 삶이 아니던가! 그렇다고 내 인생을 다시 살아보라고 해도 비슷한 시대 환경에서 다시 살라면 어떻게 살까? 모르긴 몰라도 인생은 별반 달라지지 않을 게다.

우리가 그렇게 애걸복걸 매달려 산 삶도 지나고 보면 자연 속 한 생명체의 삶에 지나지 않는다. 추위와 더위, 비와 바람, 고뇌와 고통, 기쁨과 슬픔은 계절의 순환처럼 모든 생명체들이 겪고 지내야 하는 과정들일 뿐이다.

일면 생각해 보면 인생이 먼 곳을 향해 걷는 수행길인데 어찌 그만한 발품들이 없으랴. 지난날 고통스러운 삶들이 억울할 것도 없다. 이런저런 값을 지불하는 것이 생명체들의 공통된 삶이리라.

그간 인간이 이룩한 문명, 문화, 역사의 공든 탑들이 결코 허망하다고 결론 내리기는 성급한 오류인지 모른다. 이런 모든 삶이 그간 인연을 이어서 연속되었기에 인류는 오늘날까지 영생의 길을 걸어왔는지 모를 일이다.

아내가 차를 갖고 와 권한다. 나는 꿈에서 깨어난 사람마냥 차향에 취해 창밖 하늘을 오래도록 응시했다.

데카르트, 강물은 제대로 흐르고 있는가

이른 아침 북한산 동녘이 서서히 밝아온다.

아침 햇귀가 아름다운 자태를 드러내기 시작한다. 나는 서둘러 북한산 향로봉을 향해 산길을 오른다. 연륜을 꽤나 쌓은 사람들이 스틱을 짚고 앞서거니 뒤서거니 걸어들 간다. 다들 삶에 무게를 두는 듯해 보이는 걸음걸이다. 나는 그들의 걸음에서 삶의 이모저모를 생각하기 시작했다.

삶은 단순하면서도 살아갈수록 오묘하다. 우리의 삶은 가치 있고 기쁜 일이다. 그런데 확실한 기쁨은 제대로 자각할 때 더 빛을 발하기 마련이다.

그래서 '최소한 한 번은 가능한 모든 것에 대해서 의심을 품어 봐야 한다.' 이는 철학자 데카르트(프)의 말이다. 근세 철학의 아버지라 일컫는 그는 모든 것을 늘 철저히 의심해 보았다. 먼저 감각을 의심하였다. 우리는 평소 감각을 통해서 느낌과 지식을 얻는다. 그런데 감각은 우리를 속인다고 생각했다. 그는 '우리가 감각을 통해서 보는 태양의 크기는 축구공만하여 창의 테두리 속에 들어오는데, 실제 태양의 크기는 그렇게 작을 리가 없다. 그러므로 감각은 우리에게 참된 지식을 주지 못한다.'라는 논리를 펼쳤다.

또한 그는 '나는 생각한다. 그러므로 나는 존재한다.'라고 하여 참된 나는 신체가 아닌 오직 내 정신만이라고 주장한다. 이에 우리 주변에 참이 진정 참인가? 나 역시 삶 속에 착각하는 거짓된 진리들이 한둘이 아닐 것이라는 의문을 갖게 되었다.

나는 우연히 「행복하지 않은 한국인」이란 영국 기자가 쓴 칼럼을 읽었다. 내용인즉, 서울 근교에 사는 한 회사원이 도심 직장에 출근하기 위해 매일 아침 5시 반에 일어난다. 퇴근은 밤 9시경 통근 거리가 멀어 귀가는 밤 11시쯤이다. 이런 일상의 일과가 일주일에 6일씩 연중 계속된다고 한다.

서유럽인의 평균 휴가일은 일요일·공휴일을 제외하고도 연 32일이다. 이에 비해 한국인의 평균 연간 휴가가 일주일이다. 그것도 직장 사정상 딱 사흘일 경우가 흔하다 하니 "아니 도대체 왜 살아요. 일은 왜 하고, 인생을 즐기지도 못하는데…" 이 말은 영국 기자가 놀라서 묻는 말이다. "아이들은 일주일에 몇 십 분 정도 보나요?" OECD 통계에 의하면 한국 노동자가 연 평균 2,357시간 일한다. 기자는 1년 내내 일하는 세계 최고의 나라라고 썼다. 이른 아침부터 저 산 아래 아스팔트 위에는 자동차 행렬이 꼬리에 꼬리를 물고 이어져 간다.

한국의 노동문화가 한국인의 삶에 너무도 깊이 뿌리를 내렸기에, 변한다 해도 느릴 것이라고 예측한다. 그렇게 살아온 결과 많은 부정적인 부문에서 세계 1, 2위를 차지한단다. 이것이 과연 우리가 원하는 삶일까? 외국 기자의 시각에서 볼 때 도저히 이해되지 않는, 균형 잃은 삶을 살고 있다는 이야기다.

'우리는 제대로 살고 있는가?'

이런 문제가 제기될 때면, 나는 모파상(프)의 단편소설 『목걸이』를 생각한다. 한 말단 공무원 부부가 장관의 파티에 초청되는 데에서 이야기는 시작된다. 그런데 영광스러운 파티에 막상 부인이 입고 갈만한 옷도 액세서리도 없었다. 망신당할까 부인이 난감해 하자 남편은 있는 돈 없는 돈을 몽땅 털어 아내에게 새 옷을 맞춰 입게 했다. 그리고 아내는 부자 친구한테 보석 '목걸이'를 빌려 참석했다. 뭇사람들의 시선을 한 몸에 받으며 행복감에 도취된 그녀는 들뜬 마음에 그만 목걸이를 잃어버리고 말았다.

부부는 놀라 황급히 돈을 빌려 새 것을 사서 친구에게 돌려주었다. 그로 인하여 집도 팔고 사글세에 살면서 닥치는 대로 품팔이를 해가며 빌린 돈을 악착스럽게 갚아 나갔다. 그러기를 꼭 10년 세월이 지난 어느 날 아내는 길거리에서 목걸이를 빌려 주었던 옛 친구를 만났다. 부인의 몰골이 너무나 형편없음을 보고 놀란 친구는 그 까닭을 물었다. 부인은 사실을 털어놓았다. 이야기를 듣고 깜짝 놀란 친구는 "얘! 내가 그때 너에게 빌려준 그 목걸이는 싸구려 가짜였단다."

아! 잃어버린 지난 10년 세월! 싸구려 가짜 목걸이 때문에 혹독한 세월을 보낸 부부는 너무나 황망했다. 그렇게 악착스럽게 살아온 자신들의 삶이 가짜였다니 분노하지 않을 수 없었다.

어쩌면 우리의 삶이 이와 흡사한지 모른다. 다들 이것이 진짜 삶의 길이라 생각하고 혹독한 세월을 시련과 고통 속에 모질게 참으며 살아왔다. 우리는 브레이크 없이 질주하는 기관차였는지 모른다. 뒤돌아봐, 이것이 진정한 삶이 아닌 싸구려 가짜의 삶이라면 얼마나 억울하고 황당한 일인가!

나는 제대로 살고 있는가? 내 삶이 현재도 참이고 훗날에도 참일까? 행여 싸구려 거짓된 가짜는 아닌지? 지금까지 걸어온 나의 길이 참된 영혼이 없는 순간의 거짓된 감각에 유혹되어 살아온 삶은 아니었는지. 아니면 균형을 잃은 비정상적 삶이 아닌지. 데카르트의 논리는 내가 제대로 살아 왔으며, 살아가고 있는지를 의심하며 새삼 돌아보게 한다.

나는 이런저런 생각들을 하면서 저 멀리 흘러가는 한강을 바라본다. 데카르트는 '당신의 강물은 제대로 흐르고 있는가?' 묻는다. 나는 쉬엄쉬엄 하산 길을 밟는다. 아침에 깨어난 푸른 솔잎 사이 내리는 햇살이 눈부시게 아름답다.

심상心象이 재상宰相을 만든다

나는 사람을 대할 때 심상(心象)을 보려고 애쓴다.

가끔 누군가와 함께 소담스런 정담을 나누고 싶을 때가 있다. 그때는 함께 하면 따뜻한 정감이 절로 느껴져 편안하고 즐거운 사람, 어쩐지 호감이 자꾸 가는 사람, 아니면 지기지우知己之友 같아 얘기 나누고 싶은 그런 심상 좋은 사람을 벗하고 싶다.

이를 자연에 비유컨대 숲이 좋은 쉼터 같거나, 평원이 있고, 언덕에 갈대꽃과 더불어 바위가 있고, 그 아래 맑은 시냇물이 흘러가는 곳으로 오순도순 얘기를 나누고 싶은 곳이다. 나는 이런 심성心性 아름답게 하는 곳을 원한다.

이야기를 나눌수록 지혜와 예지를 더하는 사람. 서로 정담을 나누면 따뜻한 정이 오가는 사람. 또한 차를 나누며 정담을 주고받다보면 그윽한 차향이 묻어나는 것 같은 사람. 그런 사람이 아니어도, 인심 좋은 이웃 같은 소박한 사람. 서로 섶을 풀어 마음 터놓고 인생을 얘기해도 흉허물이 되지 않을 사람이면 금상첨화다.

제 아무리 풍모와 학벌이 뛰어났다고 해도 얼마간 이야기를 하다보면 손익계산서가 보이는 사람은 피곤하고 부담스럽다. 또는 사람 냄

새가 좀처럼 나지 않는 사람 역시 가까이 하고 싶지 않다. 아무튼 나는 심성 좋은 사람을 벗하고 싶다.

옛날 중국 송나라에 재상을 지낸 범문공이 하루는 관상가를 찾아가 이런 대화를 누었다.

"내가 앞으로 이 나라를 위해 재상이 되고 싶은데 그런 사람이 될 수 있겠소? 내 관상을 잘 살펴봐 주세요." 관상가는 범문공의 모습을 한참동안 유심히 살펴보더니 "아무래도 어렵겠습니다. 당신의 용모는 재상감의 관상이 아닙니다." 이 말에 실망한 범문공은 얼마 후 마음을 추슬러 다시 찾아가 관상가에게 물었다.

"당신이 일전에 나의 관상을 보고 재상감은 아니라고 했습니다. 그렇다면 내가 의원醫員은 될 수 있겠소?"

그러자 관상가는 "요즘 이 시대에 그 천한 직업을 하필 하시려 합니까?"

"나는 이 어려운 시대 도탄에 빠진 가난하고 고통 받는 사람들을 위해 무엇인가 하여 그들을 돕고 싶소. 내가 늘 생각해 온 바는 재상인데, 당신이 재상감은 아니라 하니 의원이라도 되어 그들을 진심으로 돕고 싶소."

관상가는 한참을 생각하고 그를 살피더니 자세를 고쳐 앉아 정중하게 말했다. "당신은 이 나라의 재상宰相이 꼭 될 사람입니다." "아니, 얼마 전에는 내가 재상감이 아니라고 말하지 않았소."

"아, 그랬지요. 관상을 볼 때는 가장 먼저 그 사람을 육안으로 볼 수 있는 모습 색상色相을 보고, 다음은 얼굴이나 머리뼈의 생김새인 골상骨相을 보고, 마지막으로 마음의 상태인 심상心狀을 봅니다. 저는 당신의 색상과 골상이 하도 시원치 않아 재상감이 아니라고 말했는데, 오늘 당신의 심상을 보니 과히 재상이 되고 남을 상입니다."

즉, 사람은 색상 골상보다 심상 즉 마음씨가 가장 중하다는 말이다. 그 후 범문공은 관상가의 말대로 송나라 재상의 자리에 올라 선정을 베풀었다는 일화가 전해진다. 이 이야기 속에는 얼굴의 생김새보다 마음을 바르게 하는 데 먼저 힘쓰라는 의미를 담고 있다.

중국의 유명한 대시인 굴원屈原은 얼굴이 너무 못생겨 외출할 때는 항상 얼굴을 가리고 다녔다고 한다. 그런데 그는 대 문장가이며 시인이기에 오늘날까지 명성은 인구에 회자되는 유명한 인물로 부각되어 왔다. 그 또한 외형을 심상으로 극복할 수 있음을 보여준 인물이기도 하다.

우리의 삶은 색상과 골상보다 심상으로 얼마든지 운명을 바꿀 수 있다. 사람의 마음이 곧 복이라는 말이 전한다. 마음씨 즉 심상은 그 사람의 운명을 좌우하는 마음의 복이기도 한다.

예로부터 '유사자연향有麝自然香이면 하필당풍립何必當風立이고 덕향만리德香萬里'라 했던가. 즉, 진정 좋은 심성을 갈고 닦으면 가만히 앉아 있어도 그 향기가 만 리를 가니, 바람과 맞설 필요가 없다고 했다.

언로言路를 열어놓고 살면

"세상에서 제일 아름다운 것은 언론의 자유다."

이는 그리스의 철학자 디오게네스의 말이다. 또 희랍의 극작가 유리피데스는 "제일 견디기 어려운 일은 언론의 자유가 없다는 사실로, 생각하는 바를 말 못하게 하는 일은 노예의 신세와 다름없다."라고 했다. 열린 언로言路는 우리의 삶에 꼭 필요한 산소호흡과 같다.

중국 주나라 여왕厲王에게 소공召公이 권하기를 "언론의 통제는 일시적으로 단지 입을 막아버리는 것에 지나지 않는다. 그러나 백성들의 입을 오래도록 막는 일은 흐르는 강물을 막아 놓은 일 이상으로 위험한 일이다. 물이 제방을 터뜨리는 날에는 반드시 수많은 사상자를 내게 마련이다. 백성들의 입도 그 경우와 똑 같다."라고 했다.

이처럼 삶에서 가장 기본적인 요소 중 하나가 언로의 자유다. 가정이나 사회 국가 어디서나 자유롭게 말할 수 있어야 서로 다양한 생각들을 주고받아 지혜와 정감이 나누어진다. 또 좋은 결과도 일궈내고, 원활한 지식을 나눔은 물론 큰 재앙을 사전에 막기도 한다.

특히 엄히 통제된 나라에서는 공정한 보도가 어렵다. 그리고 엄격히 통제된 가정에서 자란 아이들은 대개 수동적인 사람이 되기 쉽다. 다양한 생각의 통로를 막아버렸기에 별다른 생각을 하지 않고 주변의 눈치를 살핀다. 또한 그 반대로 자유분방한 가정에서 자란 아이들은 상상력도 풍부하고 창의력도 뛰어나 개방적 성격에 행동도 자유스럽다.

대개 일반 가정을 보면 집안 분위기를 읽을 수 있다. 자유분방한 가정, 의사소통이 자유스러운 가정은 분위기부터 다르다. 깊은 침묵이 감도는 가정, 아이들이 어른들 앞에서 제대로 말을 잘 하지 못하는 가정은 바람직하지 않다고 하리라. 이는 숲에 새들이 소리 내어 울지 못하도록 하는 것과 흡사하다.

자녀의 교육을 위해서도 가정에서 자유로운 대화의 문을 활짝 열어놓아야 바른 인물로 성장한다. 국가도 마찬가지다. 독재적 분위기에서는 우울한 사회가 형성되고, 다양한 창의적 생각들이 생산될 리 없다. 그곳에는 훌륭한 인재가 탄생되지 않는다. 이 눈치 저 눈치 보기에 능하고, 능청스러운 거짓말이 일상화되어 간신배들만 많아지기 마련이다. 또한 무슨 말을 하고 싶은데 못하게 한다면 고통스러운 고문과 같아 굳어진 사회가 되기 쉽다.

링컨이 '뉴욕 타임스' 편집자에게 들려준 일화가 전한다.

"내가 시골 농장에서 쟁기를 잡고 말을 끌고 옥수수 밭을 갈고 있는데 다른 때는 게으르던 말이 갑자기 미친 듯이 달리기에 웬일인가 했더니 쇠파리에 물려서 그러더군요. 그래서 그 쇠파리를 잡아 죽이니까 내 동생이 왜 죽이느냐고 묻더군. 그러면서 하는 말이 쇠파리가 물어대니까 말이 그렇게 달릴 수 있는 게 아니냐."라고 했다. 때로는 쇠파리 떼처럼 막힌 언로에 대한 많은 비판자가 필요하다는 이야기다.

어찌 나라의 언로만이겠는가? 모든 사회단체, 가정도 마찬가지다. 가정에서도 부모가 지나치게 엄하면 언로가 막혀 가솔들이 눈치만 슬슬 보며 서로의 생각들을 웬만해서는 말하지 않는다. 이를 겉은 좋은 가정이라 할지 몰라도 자식들에게는 평생 어려운 사회생활로 연결된다. 반대로 자유스러운 가정에서 자란 사람은 구애됨이 없는 사회생활을 한다.

어디서나 언로를 열어놓아야 자유분방한 사람으로 의견소통은 물론, 창의적 발상을 이룩해낸다. 결국 부드러운 민주적 가정 국가가 이룩되리라. 이는 평소 내가 갖고 있는 나의 견해다.

의사소통이 얼마나 중요한가를 단적으로 말해주는 알랭드 보통(스)의 소설 『우리는 사랑일까』란 작품이 생각난다.

24세 엘리스는 광고회사에서 일하는 여성이다. 그는 의사 출신의 성공한 금융가로 뛰어난 외모를 가진 에릭과 평범한 외모를 가진 음향기술자인 필립 두 사람을 만난다.

그런데 에릭은 외형적인 모든 것을 갖추었지만 만날수록 대화가 되지 않고 시간이 흐를수록 그와는 소통이 되지 않는 장벽이 있음을 느끼게 된다. 그와 반대로 필립은 에릭 만큼은 외적인 모든 것을 갖추지는 못했지만 엘리스의 말에 귀를 기울여주고 자연스럽게 속마음을 털어놓고 자유스럽게 이야기하고 싶은 분위기를 만들어 소통이 잘 된다. 엘리스는 두 남자 중에 누구를 선택해야 행복할 지를 독자들에게 묻는 작품이다.

의사소통이 자유롭지 못한 사회와 평소 대화가 없는 가정이라면 행복하기는 어렵다. 나는 누구와 더불어 어떻게 살아야 행복한 삶을 영위할 수 있을까?

「노블레스 오블리주」

-송복 교수의 강연을 듣고-

전화가 왔다. 종로 교보문고빌딩 23층 켄벤션홀에서 송복 교수의 『특혜와 책임』(가디언 출판) 출간 기념 강연회가 있으니 시간 있으면 함께 가자는 큰처남의 연락이다.

송 교수에 대한 얘기는 평소 들어온 바 있어 한 번 뵙고 싶은 생각을 하고 있던 차다. 강연장에 도착하니 이미 많은 사람들이 자리를 메우고 있었다. K전 국무총리를 비롯하여 전직 장관, 국회의원, 교육감, 대학교수 등 그리고 애제자들과 지인들 등 많은 사람들이 강연장을 찾아왔다.

사회자가 오늘의 발표회 주제인 '노블레스 오블리주'-「특혜는 책임을 수반한다」를 소개한다. 곧 이어 강연이 시작되었다. 송 교수의 강연 내용을 요약해 본다.

우리 역사의 동력은 그간 온 국민이 글로벌로 뛰고 누벼 역사의 창을 열어왔다. 그 동력은 60년대 이래 강력한 리더십과 함께 유래없는 산업화를 성취했다. 그리고 90년대 민주화시대를 거치는 동안 역사의 동력은 성공적인 모델로 힘차게 달려왔다.

그러나 그 시대는 지나가고 지금 새 시대가 왔다. 즉 시대가 달라졌다. 이 시대에 좋은 헌법과 제도, 정치인과 국가를 등식화해도 지난날의 역사 동력은 다시 만들어지기는 어렵다고 한다. 오직 우리가 찾아야 할, 그리고 만들어야 할 새 역사의 동력은 바로 '노블레스 오블리주(Nobiesse Oblige)'라고 힘주어 말한다.

송 교수는 먼저 우리보다 앞서 민주화한 선진민주주의 국가들의 경험을 예로 들었다. 산업화는 그들과 우리는 대등했으나 민주화에서는 그들과 우리는 다르다고 한다. 그 이유는 단 하나, '노블레스 오브리주'가 그들은 있는데 우리는 없다는 것이다.

지금에 와서 그들과 함께 우리도 현재 저성장 양극화에 신음하며 심한 갈등과 분노로 가슴을 앓는 중이다. 다른 점이 있다면 그들에게는 계속 존경심을 유발하는 사람들과 도덕심을 높여주는 집단과 모범을 보이는 지도계층이 존재해 왔다. 그래서 그들은 계속 선진국 지위를 지켜가는 데 반하여, 우리는 안타깝게도 그런 사람들이 없다는 주장이다.

특혜 받는 사람들의 책임은 희생이다. 그 책임 있는 자의 희생이 곧 '노블레스 오블리주'라 한다. 그들이 가져야 할 것 첫째는 나라를 위해 목숨 바치는 희생, 둘째가 기득권을 내려놓는 희생, 셋째가 양보, 헌신의 희생이라 한다. 모든 사람이 그렇게 하라는 것이 아니라, 특혜를 받고 있는 사람은 반드시 그렇게 해야 한다는 주장이다. 그래야 우리나라가 선진국이 된다는 논리를 전개한다.

그렇지 않은 백제와 고구려의 멸망은 그 나라 지도자에게 희생과 헌신이 없었기 때문이라 했다. 반하여 신라 지도자들은 충성과 애국이란 목표가 분명했다. 황산벌 전투에서 신라 장군들은 아들들을 불러 나라를 위해 공과 명예를 세울 것을 독려했다. 김유신 장군의 아들 원술랑이 비장으로서 전쟁에서 패전하자 문무왕에게 자기 아들의 참수를 스스로 요청했다. 그런데 고구려 연개소문은 아들 연남생이 당나라 군사에게 고구려 군사 3만 명이 참살 당하는 대패를 당하고 돌아왔을 때도 책임을 묻지 않았다.

신라의 지도자들에게는 헌신과 희생이 따랐다. 그런데 조선 지도자들 역시 자신의 영달만 생각했지, 진정한 희생과 헌신이 없었기에 피폐한 나라가 되었다. 한 나라의 멸망 언저리에는 언제나 지도자들의 희생정신이 없었기 때문이라고 주장한다.

우리의 현재 지도자들은 어떠한가? 정치 지도자들과 국회의원들과 버금가는 권력을 가진 지도자들이 과연 희생과 헌신정신이 강하다고 국민들은 믿고 있을까? 우리 사회는 특혜 받은 자 혹은 받는 자들은 희생은커녕 오히려 갑질이 지나칠 정도로 심각하다고 국민의 비판소리가 높다. 이는 선진국에서는 찾을 수 없는 야만적 행태라 했다. 그래서 그들로부터 갑질 당한 많은 사람들의 분노가 쌓이고, 그 분노가 만연되어 오늘날 독이 가득한 우리 사회가 만들어졌다고 진단한다.

그나마 지금 이 나라가 이만큼이라도 버티어온 이면에는 경제가 있었기 때문이라 한다. 한편 우리 역시 지금까지 선진국들처럼 허다한 난관을 버티며 오늘날 일어섰다. 그나마 이것이 바로 우리 고위층에게 '노블레스 오블리주' 도래를 기대하게 하는 희망이 아니겠는가. 이런 여운을 남기고 송 교수의 강연은 끝을 맺었다.

많은 참석자들이 송 교수의 강연에 박수를 보냈다. 현재 우리 사회를 직시한 송 교수의 냉철한 현실 성찰과 해박한 지식과 미래를 내다보는 안목 있는 강연에 모두 찬동의 뜻을 표했다.

누가 뭐라 해도 우리 사회는 지금 깊은 병으로 신음하고 있음은 확실하다. 특히 지도자들은 중병이다. 그냥 두고 볼 일은 아니다. 정치 지도자가 갑질을 하고 국회의원, 판검사, 교수 등이 갑질을 한다는 보도가 심심찮게 나온다. 또 어느 모 사장이 국장이 부장이 팀장이 심지어 과장, 노조 간부들까지 층층이 곳곳에서 갑질을 한다는 보도다. 부자들과 심지어 지식층들까지 여러 형태로 너나없이 그와 같은 행위를 한다는 기사다. 어찌 분노와 독이 가득히 쌓인 사회가 되지 않겠는가 하고 반문한다.

6·25한국전쟁 당시 미군 장성의 아들만 142명이 참전했고, 그 중 35명이 목숨을 잃었거나 부상을 입었다고 한다. 그에 반하여 우리 사회에 특혜 받는 사람들은 듣기도 민망한 본인은 물론 자식들의 병역 면제, 심지어 그들의 보직까지 편안한 곳을 택하여 국민의 가슴에 큰 상처를 가져다준 예들이 흔하다는 기사다.

나는 송 교수를 뵙고 인사를 나눈 후 돌아오면서 책을 읽기 시작했다.

우리의 지도자들이 희생과 헌신정신이 없다면 고쳐야 한다. 나는 혜택 받는 자가 스스로 고치지 않는다면 혜택 받지 않은 우리 국민이 이를 하루속히 고쳐가야 한다고 생각한다.

선진국은 국민이 지도자들에게 엄격한 잣대로 노블레스 오블리주

즉 희생정신을 강요해 왔다. 그에 반하여 우리 국민은 어리석게도 지도자들의 행태에 지나치게 관대했다. 임진왜란, 병자호란으로 전국토가 적의 말발굽에 짓밟혀도 그 왕과 지도자들을 그대로 섬겼다. 그 후 36년 동안 다시 침략을 당해도 지도자가 친일을 해도 엄한 잣대로 처단하지 못했다. 그간 많은 지도자들이 잘못된 갑질을 해도 이런저런 사연을 들어 너그럽게 용서했다. 그 바보스러운 관용, 용서가 결국 오늘날 이 땅에 지도자들이 노블레스 오블리주의 필요성을 느끼지 못하게 만들고 말았다.

우리는 힘없는 허줄한 사람들에게는 엄격한 법치를 주장하면서, 지위 높은 지도자들에게는 이런저런 이유로 관용과 용서를 베풀어왔다. 또 진영 논리에 갇혀 내 편, 내 지역의 사람이니, 진보니, 보수니 하며 그들을 용서했다.

이것이 우리 지도자들에게 희생과 헌신을 하지 않아도 되도록 했고, 그들에게 오히려 갑질을 일삼는 여지를 주고 말았다. 우리도 지도자의 잘못은 진영논리를 떠나 무관용으로 엄격하고 철저하게 잘못을 응징해야 그들이 헌신과 희생정신을 가질 것이다.

우리는 지도자들에게는 희생과 헌신을 강요하고, 갑질을 엄히 처단해야 할 의무가 있다. 그러기 위해서는 지도자들에게는 항상 냉정하고 엄격한 잣대를 계속 요청해야 한다. 그렇지 않으면 우리의 지도자들은 갑질을 계속할 것이며 영원히 '노블레스 오블리주' 정신을 갖지 않을 것이다.

제4부
겨울에도 꽃은 화려하게 핀다

내가 갖고 싶은 아이콘 하나

월남 전쟁에서 포로로 잡혀 8년 동안 복역하고 살아난 미국의 스톡데일 장군은 이렇게 말했다. '포로수용소에서 가장 먼저 죽은 이는 비관적인 사람이고, 다음은 낙관적인 사람이었다. 그리고 풀려날 것을 믿고 운동으로 체력을 꾸준히 관리한 이는 끝까지 살아남았다.'고 했다.

같은 환경에 살면서도 긍정적 아이콘으로 산 사람이 부정적 아이콘으로 산 사람보다 잘 살아나감은 확실하다. 그래서 긍정이 부정보다 훨씬 미래지향적이고 발전적인데 반하여, 부정적 아이콘은 삶에 여러모로 장애가 되는 경우가 흔하다. 그래서 내가 갖고 싶은 아이콘 하나는 의지적 긍정의 아이콘이다.

지난날 H그룹 창립회장은 '나는 과거 젊은 시절에 노동자로 합숙소에서 하루하루 어렵게 보낼 때도, 중소기업을 하면서도 부도를 막기 위해 밤낮없이 일수, 월수 돈을 구하러 다니기도 했지만, 누구를 원망하거나 부러워해 본 적이 없다. 인간이란 누구나 스스로 문제를 해결할 수 있는 능력을 가졌다. 때문에 열심히 노력하면 어떤 문제든지 해결할 수 있다'라고 그의 자서전에서 밝혔다.

그의 평소 삶의 논리는 '불평은 시간만 낭비하는 결과를 초래할 뿐이다. 다른 사람이 안 되는, 혹은 실패될 점을 찾을 때, 나는 언제나 되는 묘책을 찾았기에 어려움을 극복할 수 있었다.'고 했다. 그리고 '내가 부정적 사고를 일삼았다면 오늘의 나는 없었다.'라고 술회했다.

그가 강원도 산골의 가난한 농촌 환경에서 태어남을 탓하고만 있었다면 어떻게 되었을까? 만약 그가 부정적 아이콘으로 일생을 살았다면 현재의 H그룹 탄생은 불가능했을 일이다.

대체로 부정적인 사고에 젖은 사람은 무슨 일을 해도 늘 부정적 태도부터 앞세우는 일에 습관화되어 있다. 미국에서 로버트 풀턴이 증기선을 만들어 처음 시험 공개할 때 일화 한 편이 전한다.

어느 날 한 사나이가 증기선이 움직이는 것은 불가능한 일로 많은 돈만 낭비하는 짓이라고 수많은 군중들을 향해 선동했다. 이런저런 제 나름의 지식적 논리까지 동원하여 조목조목 비판하면서 틀림없이 움직이지 못할 것이라고 주장했다. 그런데 증기선이 흰 증기를 내뿜으며 힘차게 움직이기 시작했다. 그는 놀라면서 이번에는 저 배는 멈추지 못할 것이라고 소리쳤다.

그때 배가 얼마간을 가다가 천천히 멈추자 이번에는 멀리 못 갈 것이라고 외치기 시작했다. 이처럼 부정의 아이콘으로 굳어진 사람은 어떤 일을 해도 늘 안 되는 논리부터 먼저 찾아 앞세운다.

나 역시 된다고 생각하는 일보다 안 된다고 생각하는 경우가 더 많았다. 나도 한때 젊은 혈기에 제법 안다하고 비판적인 아이콘 찾기에 사로잡혀 부정적으로 비판하고 논박하기를 즐겼다. 나중에 그것이 진취적 삶에 별반 도움이 되지 않는다는 사실을 절실히 깨달았다. 부정의 아이콘은 비판적이고 저항적이며 선동적이라 우선은 힘이 있어 보인다. 그리고 논리가 정연하고 이색적인 논박처럼 보여 대중의 관심을 끌기 쉽다.

그러나 주변에 부정적 사고를 잘 하는 이를 살펴보면, 그간 그가 이룩한 결실이 별반없다는 사실을 알게 된다. 그런 사람들은 좀처럼 창조적 새로운 일에 도전하지 않는다. 그리고 처음부터 안 된다는 데 무엇을 이룩할 수 있었겠는가? '된다' '할 수 있다' '해보자'는 긍정의 아이콘은 막연한 것 같아도 시간이 지날수록 이룩해 놓은 계획, 추진 과정, 노력한 결과물들이 하나둘 쌓이기 마련이다.

그렇다고 무조건 매사에 긍정의 아이콘을 갖자는 논리는 물론 아니다. 근거 없는 긍정이나 자신감은 잘못된 자만심의 발로일 수도 있다. 그런데 심리학자들이 말하기로 인간은 원래 긍정의 정서보다 부정의 정서에 편향된 속성이 있다고 한다. 즉 행복, 성공, 칭찬, 이득보다 불행, 실패, 비난, 손해에 더 민감하다고 한다.

심리학자 마셜 로사다(미)는 '대체로 인간의 삶에 긍정과 부정을 3:1의 비율이면 좋다'고 주장했다. 그래서 '행복하게 오래 살고 싶으면 긍정적 아이콘을 더 많이 가지려고 노력하라'고 충고했다.

흔히들 성격이 운명을 만든다고 한다. 나는 한때 뜻하지 않은 중병에 걸려 치료를 받으면서, 또 재발하여 생명에 위협을 느끼기도 했다. 그때 나는 아랑곳 않고 적극적 긍정의 자세로 현실을 극복하기로 마음먹었다. '이왕지사 죽음이란 그림자로 죽을 때 죽더라도 내가 하고 싶은 일을 할 수 있는 날까지 해보자'하는 오기가 발동했다. 나는 마음이 한결 홀가분한 자세로 글을 쓸 수 있었다. 그 후 부지런히 글을 써서 시와 수필집을 한두 권씩 출간해 왔다. 나는 살아가면서 어려울 때일수록 긍정의 사고를 가져야 오히려 강한 힘을 얻을 수 있음을 절실히 체감했다.

한 어린이가 집에 토끼를 키웠다. 토끼가 새끼를 많이 낳아 그 수가 늘어났다. 부모는 더 이상 많은 토끼를 혼자 키울 수 없으니 포기하라고 권했다. 그런데 아이는 자신은 키울 수 있다고 했다. 이때 어린이가 여러 날 고심을 거듭한 끝에 찾은 방안은 친구들과 함께 키우는 방법이었다.

아이는 친구들을 불러 토끼마다 제각각 친구들의 이름표를 붙여 함께 키우자고 제안하자 다들 즐겁게 토끼를 키웠다고 한다. 이는 부모의 부정적 아이콘을 아이는 긍정의 아이콘으로 현실을 극복한 사례다.

그의 묘비에는 '자기 자신보다 더 우수한 사람들을 어떻게 다루어야만 하는지 알았던 사람이 여기 누워 있다.'라는 비문이 쓰여 있다고 한다. 그가 저 유명한 강철왕 카네기다.

어디선가 들려오는 소리가 있다. '의지적 긍정의 아이콘을 가져라.' '당신의 긍정과 부정의 아이콘이 현재의 운명을 만들어 왔고, 그것이 미래의 운명을 결정지어 갈 것이다.'

겨울에도 꽃은 화려하게 핀다

이른 아침 나는 쌀쌀한 강바람 따라 한강 둑길을 천천히 걷는다.

아직은 겨울이 완연히 떠나지 않은 때라 바람이 차갑다. 한강에 얼음이 다 녹지를 않았는데도 강둑에는 노란 개나리꽃이 활짝 피었다. 꽃은 추운 겨울에도 화려하게 피고 있다.

문득 유지자사의성有志者事意成이란 말이 생각난다. 즉, 뜻이 있는 사람이라면 언제 어디서나 꽃을 피워낼 수 있다는 말이다.

미 워싱톤 주 상원의원인 교포 신효범 의원은 어릴 때 미국에 입양된 사람이다. 그때 그는 어린 나이에 생각했다. 자신이 이국땅에서 제대로 살기 위해서는 공부하는 길밖에 없음을 깨달았다. 그래서 그는 미국 대입 검정고시를 치르기 위해 하루 3시간 이상을 자지 않았다고 한다. 그 어린 나이에 가능할까 의심할 정도로 코피를 수없이 쏟으면서 학습에 열중했다.

그는 물설고 낮선 타국에서 살아남기 위해 죽기 살기로 공부했다. 그 후 그는 우수한 성적으로 대학을 졸업하고, 박사학위를 받고, 미국에서 31년 간 대학교수로 재직한 후, 정치에 입문하여 4선 의원이 되었다. 그리고 미국 상원위원회 부위원장을 지냈다. 결국 그는 낯선 이국땅에서 자신의 의지대로 화려하게 꽃을 피워낸 사람이다.

지금도 그는 자신의 지난날 삶에 남들은 물론 스스로도 감동한단다. 그는 그만큼 절실했기에 이국땅에서 자기 집념대로 꽃을 피워낸 셈이다.

미국의 저술가 노만 필은 '사람이 목적이 세워지면 생각이 바뀌고, 생각이 바뀌면 자연히 행동이 바뀌고, 행동이 바뀌면 버릇이 바뀌고, 버릇이 바뀌면 운명이 바뀐다.'라고 했다. 그렇다.

나는 많은 학생들의 학습하는 모습을 지켜보면서 '목적'이란 말에 크게 동감한다. 일찍이 학습목적 추구의지가 확고하고 절실한 학생들은 자기 주도적으로 뜨겁게 학습함을 보아왔다. 그것은 그들에게 고통이 아닌 무한한 즐거움이 역력했다. 그러나 목적이 없거나 흐린 학습자는 억지 춘향이가 되어 한없이 고통스럽고 지루한 학습을 아무 성과도 없이 하루하루 지겹게 하는 것을 수없이 보아왔다.

인간사 대부분이 그렇지만 학습의 길도 참 멀고도 험난한 길의 연속이다. 편안하고 좋아하는 온갖 유혹들을 다 떨쳐버리고, 수십 년 동안 고통스러운 학습의 길을 하루하루 즐겁게 걸어갈 방도는 오직 목적이 절실해야 한다. 나는 오랜 교직 생활에서 학습에 열중하는 학생들로부터 그 모습을 읽었다.

학부형들로부터 나는 이런 질문을 자주 받았다. "우리 아이가 공부를 잘 할 수 있겠느냐?"고 그럴 때마다 나는 이렇게 대답했다. "세상에 가장 훌륭한 스승은 자신이라고 생각합니다." "자녀가 얼마나 학습 목적이 확고하고 절실한가를 보면 잘 알 수 있을 것입니다."라고 답한다.

그것이 그 아이들이 걸어갈 미래 학습의 척도다. 이는 마치 목적이 확고하고 절실한 개나리가 추운 겨울에도 아랑곳 않고 꽃을 활짝 피워내는 자연 이치와 흡사하다 하리라.

늦겨울 한강 둑길에 개나리꽃은 계절을 아랑곳 않고 아름다운 꽃을 피웠다. 다들 추운 겨울에 꽃을 피울 생각보다 이 핑계 저 핑계를 찾기 바쁘다. 나는 겨울에도 내 꽃을 피워내고 싶다. 내가 아직 제대로 내 꽃을 피워내지 못한 까닭은 무엇 때문일까?

용광로는 뜨거워야 제값을 한다

해방 이후 우리나라 발전에 최고 수훈감은 누가 무엇이라 해도 교육이다.

우리 민족은 예로부터 교육을 중히 여겨왔다. 그래서 우리의 교육열정은 늘 뜨거웠다. 그 교육의 용광로가 오늘을 만드는 데 크게 이바지했음을 누구도 부인하지 않는다.

과거 양반 특수계층의 전유물이던 교육을 일반 사람들이 얼마나 받고 싶어 했던가! 해방 후 교육에 잠을 깬 사람들이 굶주림 속에 품삯을 들고 논밭을 팔아서라도 자녀들 공부에 혼신을 다했다. 그래서 우리 교육의 용광로는 강철을 녹이고도 남을 만큼 뜨거워졌다.

우리는 조선의 계급사회가 철폐되자 누구나 열심히 하면 자식들이 언감생심 꿈에도 그리는 학자, 판검사, 의사, 과학자, 정치가, 대통령도 되는 세상이 펼쳐졌다. 즉 공부가 신분상승의 최대 사다리가 되어 운명들을 바꾸어 주었다. 그래서 다들 공부의 힘에 눈을 떴다. 모두가 국가 운명을 바꾸고, 개개인의 삶을 바꾸는 데 교육만한 것이 없음을 절실히 깨닫게 되었다.

그래서 우리나라는 한때 대학진학률이 최고조일 때 무려 83%까지 치솟아 열에 한둘을 제외하고는 다 대학을 진학하는 세계 유래가 없는 현실에 이르렀다. 그로 오늘날까지 온 나라가 뜨거운 교육열로 들끓고 있다.

그 결과 가정마다 일터마다 고학력 인재들이 자리했다. 곧 너나없이 근대화의 역군으로 나라 발전에 이바지한 셈이다. 세계인들이 오늘의 한국을 기적이라 하지만 그 밑바탕에는 우리 교육의 용광로가 뜨거웠기에 가능했다. 이는 예견된 결과라 해도 과언이 아니다.

1960년도에 1인당 국민소득 79달러로 세계 최하위 권이던 가난한 나라는 지금 3만 달러에 가까워졌다. 그 후 경제규모가 세계 10위권 안팎에 이르러 2012년 세계 일곱 번째로 가입했다. 심지어 미국 오바마 전 대통령도 한국의 발전에 교육이 있었다며 이를 배우자고 독려할 정도다.

그런데 그간 우리 교육이 지나치게 과열되어 여러모로 많은 문제를 야기했다는 비판을 받아왔다. 그 결과는 많은 아이들에게 아픔을 주고, 학부모들에게 교육비로 몸살을 앓게 했다. 그로 인하여 지금은 모두 뜨거운 용광로에 화상을 입어 고통스럽다고 아우성이다.

그래서 우리는 지나치게 과열된 교육 경쟁을 다스리기 위해 강제로 평준화를 시켰다. 또 사교육비를 줄이기 위해 정권이 바뀔 때마다 온갖 정책을 내놓고 법적 조치를 수없이 취하기도 했다. 그래도 쉽게 고쳐지지 않고 시간이 흐를수록 교육열병은 더 뜨거워져 가는 게 현실이다.

이런 교육열로 인한 고통을 알면서도 이 용광로를 쉽게 식힐 수 없는 이유는 우리의 현실 때문이다. 5천 년 역사 속에서 늘 외세의 핍박 속에 살아온 약소민족! 우리는 국토가 좁고 자원이 없는 나라, 지정학적으로 사방 강대국에 에워싸인 상황이다. 오직 인적자원 육성만이 미래 우리 민족이 살아갈 유일한 자산임을 우리가 잘 아는 까닭이다.

아메리카 인디안 땅에 백인들이 처음 발을 딛자 그들은 신무기의 힘으로 원주민을 지배했다. 그리고 여러 이유가 있었지만 백인의 승리는 교육에 있었다. 인디언들은 자신들의 땅이라는 천혜의 여건 속에서도 지형지물만 이용했지 교육을 활용하지 못했다. 그러나 백인들은 어려움 속에서도 아메리카에 도착한 지 16년 만인 1636년에 세계적인 하버드대학까지 세울 정도로 교육열이 뜨거웠다. 그들 교육의 용광로는 뜨겁게 연구하고 학습하는 일에 혼신을 다 바쳤다.

그래서 미국은 오늘날 세계 일류 대학이 가장 많은 교육 강국으로 세계 최강의 국가가 되었다. 지금도 세계 영재들이 다투어 미국의 명문 대학으로 모여든다. 미국이 세계 제일의 국가를 이룩하는 데 일등공신은 무엇이라 해도 교육이다. 그러나 인디언은 그렇지 못했기에 몰락했다. 우리가 교육의 용광로를 식힐 수 없는 이유 또한 여기에 연유한다.

지난날 우리의 뜨거운 교육 용광로에서 탄생된 많은 인재들은 세계로 나아가 각각 일역을 담당하고 있다. 유엔사무총장, 세계은행총재가 되고, 세계적인 과학자, 경제인, 교육자, 예술인이 되었다. 요즘 매스컴에 오르내리는 축구, 야구, 골프, 스케이트, 케이팝 아이돌 영화계 스타

등 세계적 유명세를 타는 인재들을 헤아리기 어려울 정도로 많다.

교육 열기가 뜨거운 나라는 절대로 망하지 않는다. 또 교육이 뛰어난 나라들은 다 선진국이다. 선진국들은 교육을 지상최대의 사업으로 삼는다. 세계 최고 지식인의 집단을 살펴보면 다 선진국들이다. 개인도 마찬가지다.

지금 우리는 초중등 청소년 교육이 너무 뜨겁다. 특히 입시제도에 사교육비로 많은 사람들이 화상을 입고 있는 실정이다. 이를 시급히 하나둘 개선해야 한다는 데는 다른 의견이 없다. 그런데도 나는 우리 교육의 용광로가 항상 뜨거워지길 바란다. 다만 뜨거워도 사랑하는 우리 아이들과 학부형들이 화상을 입지 않는 한도의 온도라야 한다. 나 역시 이 문제를 단 시간에 해결할 방안을 찾지 못하고 있다.

그런데 답은 분명히 있는 것 같다. 유럽선진국 사회를 두루 살펴보면 이 문제에 대한 해답은 이미 제시되어 있다. 그들은 어찌하여 아이들이 화상을 입지 않는 교육 속에 선진국이 되었을까? 그들의 사회를 보면 답이다. 우리가 한둘의 교육정책을 바꾼다고 하여 쉽게 해결될 문제는 아닌 듯하다. 우리의 사회를 선진국처럼 전반적인 혁신과 의식개혁에 눈을 돌려야 풀어질 문제 같다. 답은 제시되어 있는데 단시간에 해결하기가 쉽지 않은 과제다.

내가 좋아하는 덕목 하나

나는 특별한 지혜와 예지를 갖지 못한 우둔한 사람이다.

그래서 매사에 정성스럽고 참되며 거짓이 없이 노력함을 무기로 삼아 살려고 애썼다. 이 성실성이 나의 삶을 보다 좋게 영위하는 길로 안내했다.

이는 나의 부족한 지혜와 능력을 조금이나마 보충해 영민英敏하게 해주는 원군이기도 하다.

누가 '당신의 삶에 최고 덕목 하나를 꼽으라.'하면 나는 서슴없이 성실성誠實性을 말한다. 성실은 배신하지 않는다. 무슨 일을 행하기 전에 열심히 준비를 하다보면, 지혜와 여유를 얻어 자신감이 생긴다. 마치 운동선수가 충분히 연습한 후 경기장에 나가 당당히 시합에 임함과 흡사하다.

나는 성실성을 논함에 가끔 강철 왕 카네기의 삶을 연상한다. 그는 '내가 성공한 비결은 무슨 직업이라도 좋으니 항상 제일인자가 되기 위해 성실히 힘쓴 일'이라고 술회했다. 카네기는 '태생적으로 지혜가 부족하더라도 매사에 성실하다보면 절로 지혜도 생겨 성공할 수 있다'는 이야기를 자주했다. 직업은 다양하다. 어느 분야에서나 각각 최선을 다하면 그것이 곧 성공적 삶이라는 답변이다.

또한 타인에 대한 태도다. 삶은 사람과 사람의 관계에서 형성된다. 그러므로 타인에 대한 성실한 태도는 자신은 물론 사람을 대하는 가장 기본이 되는 자세다. 남에게 정성스럽고 거짓 없이 성실하게 대하면 타인과 신뢰가 쌓여 남도 나를 그런 태도로 대하기 마련이다.

삶에 실패는 지혜가 모자라거나 능력이 부족하여 일어나는 경우도 있다. 그런데 요즘 사회는 다들 뛰어난 두뇌에 고학력의 소유자라 우열을 가름하기가 어렵다. 결국엔 누가 더 성실한가에 따라 일의 성패가 판가름되는 경우가 많다.

미국의 대통령을 지낸 지미 카터의 성실성에 대한 흥미로운 일화가 전한다. 그는 해군사관학교를 졸업하고 처음 부대에 부임했을 때, 사령관은 느닷없이 "귀관은 사관학교에서 몇 등으로 졸업했는가?"하고 물었다. 당황한 그는 "750명 중에 57등을 했습니다."라고 대답했다. 이에 사령관은 "귀관은 어찌하여 최선을 다하지 않았으며, 57등밖에 못했는가?"라고 물었다.

이 일이 있은 뒤부터 지미 카터는 "왜 최선을 다하지 못했는가?"라는 사령관의 말을 일생동안 좌우명으로 삼았다고 한다. 이 사령관의 말 속에는 귀관은 최선을 다하여 성실히 군 복무를 수행하라는 메시지가 담겨있다 하리라.

그는 아버지 부음을 듣고 해군생활을 정리하고 제대 후 땅콩 농장주로 가업을 이어받았다. 그는 농장주로서 최선을 다했다. 그 후 조지아

주 상원의원을 지냈고 나중에는 조지아 주지사를 역임하기도 했다.

그는 주 상원의원에서도 주지사로도 최선을 다했다. 결국 지미 카터는 미국 39대 대통령으로 당선되었다. 그는 대통령으로 임기를 마치고도 미국의 빈곤층 지원활동과 사랑의 집짓기운동을 전개하여 봉사활동에 적극 앞장섰다. 또 국제분쟁 중재 활동에도 열중했다. 그는 2002년에는 노벨평화상을 수상하기도 했다. 그래서 가장 훌륭한 전 대통령이라는 말을 듣게 되었다.

그는 언제나 최선을 다하는 삶을 살았다.

고대 로마시대 명장 퀸투스 세르토우스는 백인대장 두 사람에게 말꼬리 털을 뽑는 경쟁을 시켰다. 한 사람은 무턱대고 한꺼번에 털 전부를 뽑으려고 했지만 무리였다. 다른 한 사람은 하나씩 뽑아서 승자가 됐다. 바른 삶은 이처럼 털을 하나씩 꾸준히 뽑는 성실한 태도와 흡사하다. 그래서 어떤 삶에서나 두루 통용되는 화폐가 성실성이다.

할아버지 대의 DNA는 아버지 대에 전해지고 나로 이어져 다시 손자에게로 전해져 가문으로 이어간다. 대대로 잘 살아가는 집안을 보면 대부분 남다르게 성실한 강줄기가 흐르는 가문이라 하리라.

"사람은 언젠가 한 번은 죽는다. 태산보다 무거운 죽음이 있고, 새털보다 가벼운 죽음도 있다." 이는 사마천이 한 말이다. 나는 태산으로 살 것인가 아니면 새털로 살 것인가는 오직 나의 마음에 달렸다 하리라.

청산이 어디 먼 곳이든가

예로부터 '봉황의 새끼는 하늘로 치솟아오를 꿈을 갖고 태어났으며, 큰 기러기와 고니는 태어날 때부터 바다를 건널 기세를 품고 태어난다.'라고 했다.

사람도 마찬가지다. 일찍부터 날 수 있다는 의지를 불태우면서 비상의 꿈을 꾸며 사는 이가 있는가 하면, 처음부터 날 생각을 접고 사는 자가 있다. 그런데 비상할 수 있다는 자아의 소유자는 정서적으로 안정되고, 대인관계가 원만하고, 매사에 진취적이며 적극적인 사람들임이 분명하다.

발명가 에디슨의 DNA는 보통 사람들과 달랐다. 자신이 운영하는 축음기 공장이 불에 타 버리자 제일 먼저 한 일설이 "지금 내 나이 63세로 더 할 일이 많아졌다."라고 했다. 그는 위기를 오히려 기회로 삼았다. 그 엄청난 재앙 속에서도 좌절과 슬픔이 아닌, 앞으로 자신이 할 일부터 찾았다.

세상은 늘 변화무쌍하다. 성공한 역사에는 도전의 사고가 있었고, 쇠잔한 역사는 포기하거나 두려워하는 사고에 늘 안주했다. 선진국의 역사에는 일찍부터 변화를 모색하며 나은 문화를 과감히 추구했고, 후진국은 변화를 두려워하며 도전을 거부하는 역사였다.

과거 선진국들이 실용을 중용하며 개방할 때, 우리의 역사는 실학자들을 탄압하고 쇄국정책으로 일관했다. 그 결과는 너무나 가혹한 대가를 치려야했다. 우리는 지금 이를 타산지석의 교훈으로 삼아 가슴에 뼈저리게 새겨놓고 살아가는 중이다. 비록 어려움에 처하더라도 극복하겠다는 의지만 꺾이지 않는다면 얼마든지 다시 일어날 수 있다.

남아프리카 키릴 악셀로드라 신부神父는 세 살 때 귀머거리, 벙어리가 되었다. 학교에 다니면서 학우들로부터 많은 상처를 받았다고 한다. 그는 그래도 절망하지 않고 미래 꿈을 꾸었다. 신학대학 생활에서 학우들의 따돌림 속에서도 공부에 열중했다. 신부가 된 후 그는 세계 장애인을 위해 치열한 삶을 살아왔다. 그러다가 60세를 지나 눈마저 멀어 장님이 되었다. 그는 귀머거리, 벙어리, 장님이 되어도 절망하지 않고 새삼 점자 공부에 열중했다. 지금도 세계 장애인을 위해 봉사에 헌신하고 있다고 전한다.

신부는 너무나 가혹하고 눈물겨운 육체적 장애로 마음에 큰 상처를 받았다. 그러나 그의 DNA는 남달리 긍정적이었다. 그는 자신의 고통에 대한 원망보다 늘 감동적인 새로운 삶의 길을 열어 승화시킬 방도를 찾았다.

나는 조금만 고통스러워도 힘겨워하는 편이다. 또 지나치리만큼 조급하게 일에 완성을 맛보려 했다. 그래서 나는 과정을 경시하고 빨리 목표에만 도달하려는 조급한 마음에 힘겨우면 중도에 포기하기 일쑤였다.

나의 자작시 「청산이 어디 먼 곳이던가」의 한 부분인

'청산이 어디 먼 곳이던가 / 오래오래 산이 산으로 살면 /
시나브로 절로 청산될레라.'

나는 이 시를 어려울 때면 자주 읊조린다. 이는 산불로 온 산이 폐허가 되었다가 다시 푸른 숲으로 덮인 산 모습을 보고 지은 시다. 비록 산불에 온몸이 불탔지만, 산은 바위 같은 붉은 주먹을 불끈 쥐고 묵묵히 청산을 이룩해 가는 모습을 보고 감동하여 지은 시다.

신은 새에게는 하늘을 나는 날개를 주었다. 그런데 우리 인간에게는 하늘을 날 수 있는 비상의 깃털도 주지 않았다. 그러나 사람에게는 날개 대신 하늘을 비상할 수 있다는 희망과 꿈을 갖게 해주었다. 그래서 지금 인간은 새들이 상상할 수 없는 세계까지 비상한다. 사람들이 비상의 꿈을 갖고 줄기차게 노력했기에 오늘날 비행기로, 인공위성으로 결국 하늘 길을 열어 우주탐사의 길까지 넓혀왔다.

미국에서 5년 전에 목성탐사를 위해 날려 보낸 비행체 '주노'가 드디어 2016년 7월 목성에 도달했다는 반가운 소식이다. 5년 동안 계속 비행한 결과다. 그래서 과학자들은 이젠 지구 탄생의 비밀을 찾을 수 있을 것으로 기대에 부풀어 있다.

꿈을 가진 자는 언젠가는 뜻을 이룩할 수 있다. 만약 내가 비상의 꿈을 갖고 줄기차게 노력한다면 언젠가는 나의 날개깃도 하늘을 비상할 수 있으리라. 나는 오늘도 나의 날개 깃털들을 더듬적대며 부지런히 비상의 꿈을 꾸는 중이다.

바람이 해산해 놓은 꽃

어느 날 나는 계단을 오르다가 민들레꽃 한 송이를 발견하곤 놀랐다. 하필이면 구석진 계단의 틈 사이를 비집고 나와 화려한 꽃을 피웠을까? 사람들이 많이 오르내리는 위험한 곳에 터를 잡고도 살아남아 아름다운 꽃을 피웠다니 예찬하지 않을 수 없었다.

나는 곰곰이 생각했다. 어쩌면 저것은 꽃의 선택이 아니리라. 바람이 해산해 놓은 것이 분명하다. 수많은 홀씨들이 바람을 타고 제각각 날아갔을 것이다. 저 꽃인들 최상의 자리를 잡아 편히 아름답게 피고 싶지 않았으랴. 처음에는 바람에 맞서도 보았으리라.

저 꽃은 엄청난 위험과 고통을 감내했을 일이다. 행여 밟힐까 아니면 뽑힐까 뿌리까지 전전긍긍했으리라. 그렇게 핀 저 꽃은 주변 환경에 아랑곳없이 끝내 제 꽃을 피워 오가는 이들에게 제 모습을 선보이는 것 같다.

우리네 삶도 우리 마음대로 선택할 수 없는 경우가 흔하다. 누구나 좋은 환경에서 태어나 행복을 한껏 누리며 살고 싶어 한다. 그것은 자유로이 선택할 수 있는 문제가 아니다.

자연에는 바람이란 것이 엄연히 존재한다. 사람에게도 바람이 있기 마련이다. 가끔 바람에 의하여 원하지 않는 운명이 결정지어지기도 한다. 그때마다 사람들은 이를 악물고 보다 나은 바람을 타기 위해 최선의 노력들을 한다.

서울대학교 K교수는 서울법대를 졸업한 후 대학원을 다니면서 행정고시 공부를 했다고 한다. 그는 여러 번 낙방하고 실망한 나머지 고시를 포기하고 미국으로 건너가 USC대학에서 4년 반 만에 박사학위를 받았다. 모교로 돌아와 행정학 교수가 되려고 애썼지만 거듭 실패했다. 그는 좌절과 낙담 속에 죽음까지 생각했다. 그러다가 전공을 바꾸어 소비자학과에 응시하여 결국 교수가 되었다고 했다. 그는 "차선책으로 소비자학과를 선택했지만 가끔 눈물이 찔끔 날 만큼 감사한다."라고 했다. K교수는 그때 자신의 차선책 결정이 정말로 탁월했다고 술회했다.

물론 최선책이 이상적이다. 그러나 제반 여건으로 불가항력일 때는 다음 차선책을, 그래도 어쩔 수 없을 때는 차차선책을 선택하기 마련이다.

특히 사회 조직에서 이해관계가 첨예하게 대립될 때, 모든 단체들은 자신들의 최선책만 관철시키려 한다. 우리의 정치현실인 여야의 정책대립에서 흔하게 본다. 각자 최선책을 주장하는 속에는 타협점을 찾기가 어렵다. 조금씩 양보하고 차선책, 아니면 차차선책으로 타협점을 찾아가면 풀리기 마련이다. 여야 정책 결정에도, 노사관계와 같이 첨예하게 대립되는 일에도 마찬가지다. 비견한 예로 '한미 FTA' 체결 당시 우리나라 경제를 망하게 하는 일이라 하여, 많은 사람들로부터 우려와 비판을 받았다. 심지어 미국만 이롭게 하는 매국적 체결이라 비판을 받기도 했다. 그런데 요즘 들어 미국이 오히려 자신들이 너무 불리한 협약이라며 수정을 요구한다. 우리는 당시 차선 혹은 차차선을 택했지만 그간 최선이 되도록 엄청난 노력을 기울여 온 결과로 실보다는 덕이 많도록 부단히 애썼다.

계단에 핀 민들레 역시 최악의 조건 속에서 나름대로 최선의 꽃을 피워 내려고 얼마나 분투했을까. 저 꽃은 다시 홀씨를 맺어 순풍 역풍이란 바람을 따라 홀씨들을 날려 보낼 것이다. 그 홀씨들은 어미처럼 바람에 의하여 삶의 터전을 강요받기 마련이다. 어쩌면 산다는 것은 저렇게 바람에 의하여 강요당하며 살아가는 민들레꽃인지도 모른다.

우리는 지나치게 최선책만을 고집하다가 여의치 않으면 불평불만을 하다가 좌절하기도, 자포자기 해버리는 어리석은 선택을 한다.

나는 차선과 차차선책의 선택을 지나치게 두려워할 필요가 없음을 저 민들레꽃에서 읽은 셈이다. 나는 가끔 들꽃들을 유심히 바라본다. 최선의 환경이 아닌 곳에서도 제각각 아프게 뿌리를 내려 최상의 아름다운 제 꽃들을 당당히 피운 모습에 나는 예찬하지 않을 수 없다.

나의 삶도 지금은 최선은 아니지만 언젠가 최선의 꽃이 피워질 것으로 굳게 믿고 살아간다. 또한 나는 오늘도 나의 희망을 버리지 않고 바람의 등줄기를 타고 날아가 화려하게 피는 민들레꽃이 되려고 애쓴다.

우리도 자원대국일 수 있다

오래 전 일이다.

어느덧 딸이 과년하여 시집갈 때가 되었을 적이다. 그런데 당시 소개 받은 상대의 직업이 변리사辨理士라 했다. 그때만 해도 변리사는 나도 조금은 생소한 직업이라 자세하게는 몰랐다. 이 소식을 들은 지인들 역시 변리사가 무엇을 하는 직업이냐고 묻는 이가 많았다. 그래서 특허 업무를 하는 사람이라는 정도로 요약 설명했다.

이 직업은 산업고도화로 지적 재산권이 중시되면서 주목을 받게 되었다. 지금은 정부의 중차대한 업무 중 하나로 그를 관장하는 특허청을 두고 국가가 관리하는 중요한 분야다.

나는 학창시절 귀에 못이 박히도록 듣기 싫은 이야기를 들었다. '우리는 좁은 국토에 자원이 없는 가난한 나라다.' 나는 이 말이 참 거슬렸다. 그런데 변리사를 통해서 국가자원이 꼭 국토에 매장된 물리적인 자원만이 아님을 뒤늦게 알게 되었다. 지금은 지식재산권이 더 국가적 큰 자원이 될 수 있는 행운의 시대가 도래되었다. 우리에게 독창적이고 창조적 두뇌만 있다면, 그를 이용하여 특허품을 개발한다면 얼마든지 자원대국이 된다는 사실이다.

지금 세계적인 유명 기업들의 성공 여부는 곧 그들이 가진 창조적 특허품 생산들로 사업영역을 넓혀 왔다고 해도 과언이 아니다.

그러면 어떤 것이 특허품이 되는가? 특허와 관련된 재미난 일화 하나가 생각난다.

중국 춘추시대 노나라에 노반이라는 목수가 큰 궁궐을 맡아 짓게 되었다. 하루는 일꾼들과 함께 좋은 목재를 벌목하기 위해 산으로 올랐다.

노반이 일꾼들을 따라 가파른 산비탈 길에 풀을 잡고 오르다가 풀잎에 그만 손을 베고 말았다. 그는 손에 피가 나는 현상을 이상하게 생각하고 풀잎을 세밀히 살펴보았다. 잎 가장자리가 날카롭게 굴곡이 졌는데, 그 사이에 살이 스쳐 베어짐을 알게 되었다. 이에 그는 잎을 뜯어 집으로 돌아와서 고심을 거듭했다. 끝내 그 생김새를 통한 원리를 깨닫고 풀잎처럼 철판을 잘라 나무를 베면 순식간에 많은 나무가 베어짐을 유추해냈다.

그는 즉시 대장장이를 불러 철판을 풀잎처럼 날카롭게 날을 세워 연장을 만들라고 했다. 그가 만든 것이 나무를 능률적으로 잘 벨 수가 있는 오늘날 톱이라는 도구다. 이는 훌륭한 특허품임이 분명하다.

또한 지금까지 발명품과 특허는 대개 대기업 연구원이나 일부 특수 개발자들이나 하는 것으로 우리는 알아왔다. 그러나 현재는 가정주부로부터 시작하여 누구나 할 수 있는 일로 일반화되었다. 특별한 기술이 아니어도 조금만 남다른 창조적인 면이 부각되면 모두 지식재산권으로 인정되어 특허를 받을 수 있다. 지금은 더 일반화되어 유통업자, 광고업자, 금융업자, 중개업자까지도 특허를 출원할 정도로 일반화되었다.

어느 주부는 남편과 이혼한 후 생활이 막막한 속에 특허품으로 새 삶을 얻었다고 한다. 처음 마늘이 식칼에 잘 달라붙는 것에 착안하여 마늘 속의 접착성분을 축출하여 접착제를 만들었다. 접착 성능이 시중 강력접착제보다 조금도 뒤지지 않고 오히려 우수하다는 소문이다. 어린이들이 화학성 접착제를 많이 사용함에 건강에 적신호를 주는 것을 막기 위해 이 제품이 인기다. 그는 지금 연간 수억 원의 수익금을 창출한다고 한다. 그의 지식자원이 세계를 누빌 날도 멀지 않았다는 소식이다. 가정이 온통 자원의 보고다.

영국의 작가 조앤 캐슬린 롱랑 여사는 『해리포트』 문학작품 하나로 그가 세계로부터 받은 저작권료만 한화로 1조 130억 원 정도라 한다. 그녀의 뛰어난 문학적 지혜는 앞으로도 계속 세계 각국에서 저작권료를 받을 것으로 예상한다. 우리나라 작가인들 이를 하지 말라는 법은 없다.

이처럼 이들이 창조한 여러 새로운 아이디어들을 개인과 국가의 지식권리로 연결시켜 도와주는 이가 바로 변리사라 생각하면 될 것 같다.

나는 남북 분단으로 물질적 자원이 더욱 열악한 우리의 현실에서 지식이 자원으로 환원된다는 사실에 흥분하지 않을 수 없다. 자원이 없는 우리도 자원대국이 될 수 있다는 희망을 갖게 한다. 그래서 변리사에 대하여 더 관심을 갖게 되어 애정을 갖고 몇 권의 책을 구입하여 읽기를 망설이지 않았다.

대한민국 헌법 제22조에는 '전 작가, 발명가, 과학기술자는 법률로서 보호한다.'라고 규정하고 있다. 이에 근거하여 특허법 제1조에 '이 법은 발명을 보호·장려하고 그 이용을 도모함으로써 기술의 발전을 촉진해 산업발전에 이바지함을 그 목적으로 한다.'라고 규정했다. 이를 바탕으로 특허법을 비롯해 실용신안법, 의장법, 상표법 등이 존재한다.

특허는 '지식재산권' 혹은 '산업재산권'이라고 부르기도 한다. 이런 특허가 인정되어 일단 등록이 되면 20년 동안 아이디어 창조자에게 독점권이 인정된다. 물론 쉬운 일은 아니다. 그렇지만 자원이 없는 우리나라 입장에서는 도전해 볼만한 절호의 기회인지도 모른다.

얼마 전 문학회에서 저자한테 연락이 왔다. 당신의 문학작품에 저작권을 신청할 의사가 있으면 연락 해달라는 알림이다. 그러면 자신들이 법률적 자문 기관과 연결하여 저작권을 보호함은 물론 사후 70년까지 금전적 보상까지 받게 해준다는 것이다.

한편 애플이 삼성전자 스마트폰 디자인과 일부 기능을 문제 삼아 특허 침해 소송을 제기했다. 결국 삼성전자가 미국 애플에 5억 4,800만 달러(약 6천76억 원)란 엄청난 배상금을 지불했다는 기사다. 지금도 특허침해소송은 여러 곳에서 계속되고 있다. 우리나라가 일 년에 선진국에 지불하는 특허 로열티는 놀라운 액수다. 앞으로 더욱 늘어날 가능성이 높다.

지금 세계경제는 특허품시대라 해도 과언이 아니다. 우리는 마냥 자원빈국으로 살 수만은 없다. 우리 민족 특유의 명석한 두뇌로 창조적 지혜를 발휘한다면 우리도 언제든지 자원대국일 수 있으리라. 알고 보면 우리에게 자원이 없는 것이 아니라 널브러진 수많은 지식자원을 제대로 창조하지 못할 뿐이다.

이제 우리가 경제대국이 되기 위해서는 우리 아이들을 어떤 방향으로 교육시켜야 하는가를 헤아리게 한다. 또한 이 부분에 국민적 관심을 가질 수밖에 없음을 절감케 한다. 이에 변리사는 우리나라를 지식자원대국으로 만들어가는 가교자로 긍지를 가질 만한 직업이라 할 수 있으리라.

이웃에 고등학교에 다니는 지인의 아이가 직업 선택에 고민한다기에 변리사 직업이 어떠냐고 물어보았다.

교육의 요람지를 찾아서

"애야, 빨리 일어나라. 지각이다. 어서 일어나!"

우리 학부형들은 새벽부터 아이들 깨우기에 바쁘다. 학교 가야할 시간이니 빨리 일어나라는 부모의 성화와 같은 독촉이다. 아이를 깨우는 부모의 하루가 이렇게 신음처럼 시작된다. 이런 상황을 경험하지 않은 학부모는 별반 없을 게다.

흔히들 '교육은 세상을 바꿀 가장 강력한 무기'라 한다. 그렇다. 이 중요한 교육의 3대 근간은 가정·학교·사회교육으로 대별된다. 우리는 이들을 제대로 균형 잡지 못하고, 오직 학교교육 하나에만 지나치게 올인하려는 경향이 짙다. 그 결과로 더 많은 문제점들이 야기되는 상황에 놓였다.

마틴 루터는 "부모는 정부가 하는 것보다 더 조심성 있게 그들의 자녀를 보호하고 교육시킬 수 있다."라고 했다. 그렇다. 우리는 아이들이 가정에서 부모와 형제로부터 배우고 익힐 훌륭한 양질의 교육 시간들을 빼앗고 있는지도 모른다.

가정은 교육의 출발점인 동시에 뿌리가 되는 교육의 요람지다. 가정·학교·사회가 담당해야 할 교육이 각각 있기 마련이다. 가정교육에서 가족의 언행을 통하여 인간애를 비롯한 삶의 뿌리를 배우고, 사람의 기본적 도리인 윤리도덕을 익힌다. 가정은 또 인간다운 정서를 함양하는 교육의 보고寶庫라고도 할 수 있다. 그런데 새벽에 일어난 학생은 겨우 세수하고 등교하기 바쁜 게 현실이다. 가족 간에 단절된 대화, 제각각 일어나 먹는 식사, 학생은 이른 아침 가방 들고 현관문을 나서기가 바쁜 나날. 겨우 한 마디의 인사라면 "잘 다녀오겠습니다." "그래 잘 다녀와!" 이 말이 가족과 학생이 하는 아침 대화의 시작이자 끝이다. 그리고 아이는 학교와 학원을 거쳐 밤늦게 파김치가 돼 돌아와 현관문을 열고 가방을 던지면서 "다녀왔습니다." "그래 왔니?, 수고했다. 간식 줄까?" "아니요." 방문을 열고 제 방에 들어가면 저녁 대화의 끝인 가정이 대부분이다.

우리 아이들이 새벽같이 가방 들고 허겁지겁 학교에 뛰어갔다가 학원을 거쳐 밤늦게 돌아온다. 어찌 가족과 대화할 마음이 생기고, 무슨 가정교육을 어떻게 더 하겠는가며 다들 푸념한다.

그런데 우리는 아이들에게 어떤 문제만 생기면 이구동성으로 학교교육의 정상화를 외친다. 어느 단체의 조사에 의하면 우리나라에서는 학교교육이 아무리 정상화되어도 밤늦도록 하는, 입시를 위한 사교육은 줄어들지 않는다는 연구결과를 발표했다. 이유는 똑 같이 하는 공교육에 만족하지 않고, 내 자식을 더 공부시키겠다는 학부모들의 욕망이 깊이 잔재되어 있는 한 변하지 않는다고 한다. 이를 변화시키기 위해 해방 후 수없이 대입제도를 비롯한 여러 교육개혁을 거듭해도 백약이 무효다.

지식이 아닌 도덕 윤리적 제반 인간문제는 교사보다 부모가 하는 가정교육이 훨씬 효과적이라는 것은 이미 교육전문가들의 공통된 견해다.

영국의 경제 주간지 이코노미스트는 '학교예산 증액보다 부모교육 강화가 아이 교육에 더 큰 효과를 준다.'라고 했다. 또 성인이 된 많은 사람들이 자신의 사람됨이 혹은 성공이 자신의 가정교육과 밀접한 관계가 있음을 이구동성으로 말한다. 그런데 우리는 문제만 생기면 그 해결책으로 학교교육의 문제점으로 몰아간다.

지금 우리 사회는 학교에서 인성교육의 소홀로 모든 문제가 생겼다고 야단들이다. 그래서 지식교육에 열심인 학교나 교사들을 마치 인성교육을 해치는 학교나 교육자로 매도하기도 했다. 그 결과 어떻게 되었는가? 인성교육을 한다고 야단들이지만 결과적으로는 학교의 지식교육마저 제대로 되지 않았다. 그로 인하여 사교육으로 더 내몰리는 실정이다.

대체로 자녀교육에 성공했다고 하는 열에 아홉은 가정교육이 원만한 학생이란 사실도 나는 오랜 교직생활에서 확인할 수 있었다. 흔히들 산업화로 맞벌이부부의 바쁜 생활에 가정교육 정상화가 어렵다고 한다. 나 역시 가정교육에 대한 어려운 점을 모르는 바는 아니다. 그러나 가정교육을 절대로 포기하거나 소홀히 해서는 아니 될 일이다.

재미교포 전혜성 박사는 여섯 남매를 낳아 미국 하버드대학교, 예일대학교 등 세칭 일류대학을 모두 졸업시킨 학부모로 널리 알려져 왔다. 그 부부는 누구보다 바쁜 맞벌이생활을 한 사람이다.

그는 고 고광림 박사를 만나 6남매를 키우면서도 자신도 계속 공부하여 박사과정을 마치고 미국 교수가 되었다. 박사는 먼저 자식들에게 "나 자신에게 물어보라. 나의 생애 삶의 목적은 무엇인가?" 이 질문에 고민할 때 비로소 아이들을 잘 키우는 비결의 답을 얻을 수 있었다고 했다. 그리고 자녀들에게 숨겨진 잠재력을 이끌어내는 다섯 가지, 오 센티 리더십도 제시했다.

즉 "나는 누구인가? 무엇을 할 것인가? 어떻게 할 것인가? 어떤 성취를 원하는가? 누구와 행복을 누릴 것인가?"

전 박사는 그 많은 6남매를 키우면서 과외를 모르고 오직 스스로 학습하는 가정을 만들었다고 한다. 전 박사부부도 언제나 함께 책을 읽고 공부하는 가정환경을 조성했다. 부모들은 TV를 보면서 자식들에게는 빨리 방에 들어가서 공부하라고 독촉하는 우리네 가정환경과는 너무나 다르다.

또 부모는 책 한 권 읽지 않으면서 자식들에게는 많은 독서를 강요하는 우리네 가정과도 많이 다르다. 전 박사는 공부는 삶에 당연한 의무란 것을 인식시켜 나갔다. 또 모두 스스로 일어나고 공부하고 할 일을 찾아 행하는 아이들로 키웠다고 한다.

박사는 가정에서 늘 '재능보다 성격이 더 중요하다.'라고 교육했다. 식탁에선 아이들 앞에서 '지금 가진 것에 감사해하고 그걸 사회나 타인에게 되돌려줘야 한다.'는 내용의 기도로 일관했다. 이를 미루어봐서 훌륭한 자식 뒤에 훌륭한 부모의 가정교육이 있었다는 말을 되씹고 싶다.

이럴 때면 내 머리에 스쳐지나가는 아름다운 영상이 하나 떠오른다. 둥지에서 갓 태어난 오리새끼 열두 마리가 20미터 높이의 나무에서 뛰어내려 냇가에 나와 어미와 함께 먹이 먹기에 열중이다. 새끼들은 제각각 노란 주둥이로 물장구를 치며 제 일에 바쁘다. 참 예쁘고 아름다운 몸짓들이다.

자네 그릇에 무엇을 담고 있는가

법정 스님은 「채우는 일과 비우는 일」이란 글에서 선가禪家에 이런 말이 있다고 했다.

"진리를 배우는 일은 곧 자기 자신을 배우는 일이다. 자기를 배운다는 것은 자기를 잊어버림이다. 자기를 잊어버림은 자기를 텅 비우는 일. 자기를 텅 비울 때 본래적인 자아인 자기를 통째로 들어낼 수 있다. 이것이 또한 자기 존재를 마음껏 전개하는 일이 된다."라고 했다.

그래서 법정은 일찍이 '무소유란 아무것도 갖지 않는 것이 아니라 불필요한 탐욕을 갖지 않는다.'는 뜻이라고 했다. 그릇은 불필요한 무엇을 가득히 담고 있으면 더 담을 공간이 없어진다. 우리네 마음도 이처럼 일정한 공간을 비웠을 때, 새로운 생각들을 담는 여백이 생긴다.

우리의 그릇은 자칫하면 탐욕과 근심, 걱정, 번민과 잡념들로 수북이 찬 모습이 되기 쉽다. 우리는 늘 잡다한 생각들을 담기 바쁘다. 그래서 너나없이 우리 현대인은 쓰잘머리없는 생각들을 너무 많이 그릇에 담아 산다고 혹평을 듣는다.

노자는 "그릇은 원래 빈 공간이 필요하지, 색상이나 모양 같은 외형이 중요한 것은 아니다."라고 했다. 그런데 오늘을 사는 우리 현대인은 그릇의 내면적 공간보다 외형인 색상이나 모양새에 지나치게 신경 쓰는 경향이 짙다. 그래서 쓸데없이 외형을 치장하다보니 진정 필요한 그릇의 내면을 등한시 하는 경우가 흔하다.

선조 때 한 정승이 조회시간 때마다 술에 취해 참석하자 임금이 은잔 하나를 하사하면서 앞으로 하루에 이 술잔으로 한 잔 이상을 마시지 말라는 엄한 왕명을 내렸다. 당시 많은 신하들은 임금이 하사한 은잔을 부러워했다. 그런데 작은 은잔을 하사했는데도 계속 그가 술에 취해 조회에 참석했다. 화가 난 왕이 왜 어명을 어겼느냐고 다그쳤다. 그러자 그는 한 잔 이상을 절대로 마시지 않았다고 항변하자 그 술잔을 가져오게 했다.

은잔은 이미 임금이 처음 내린 본래의 잔 모습이 아니었다. 사연을 물은즉, 그는 술이 어쩌나 더 마시고 싶었던지 고민 끝에 은잔을 두들겨 속을 큼직하게 넓혀 왕명대로 하루 한 잔을 마셨다고 했다. 임금도 신하들도 어이없어 한바탕 웃고는 그를 용서했다는 일화가 전한다.

그는 처음부터 값비싼 은잔 하사품에는 관심이 없었다. 어쩌면 속이 넓은 술잔으로 술을 많이 마실까 하는 일에 온통 관심이 갔을 뿐이었다. 그래서 궁리 끝에 은잔 속을 두들겨 조금씩 넓혀갔다.

그런데 현대인은 자신의 그릇됨을 살피지 않고 자꾸 담기만 한다. 또 외형에만 지나치게 신경을 쓰는 모양새라 꼭 필요한 것들을 담지 못한다고 비판을 받는다.

가끔 대화를 나누다 보면, 이 사람은 머리에 지나치게 복잡한 잡동

사니를 너무 많이 담고 사는구나 하는 생각을 갖게 하는 이가 많다. 신神도 하지 않는 세상 걱정을 잔뜩 끌어안고 혼자 고뇌하는 사람. 갖고 있지 않아도 될 것들을 한껏 담고 고민을 일삼는 사람. 그래서 '군자는 자신이 할 수 있는 일만 생각하고 소인배는 자신이 어쩔 수 없는 일까지 고민한다.'고 했던가. 가끔 참 요긴한 것들만 담고 사는 이를 만나면 대인다운 면모에 부럽다.

나 역시 그간 내 그릇이 늘 무엇이나 담을 수 있는 것으로 착각하고 마구 담기만 했다. 결국 잡동사니들을 수북이 담고 살다가 진정 필요한 것들을 제대로 담지 못했다. 나는 이를 깨닫고 늘그막에 부질없거나 쓸데없는 것들을 하나둘 버리는 데 애쓴다. 이 일도 쉬운 일은 아니다. 그것들도 버리려하면 텃세를 부리며 찰싹 붙어 앉아 버티니 버리기가 꽤 힘들다.

가끔 분수 넘치게 외형 치장을 일삼는 이를 자주 만난다. 그는 대개 속이 허한 사람들이 틀림없다. 속이 허하니 겉이라도 화려하게 꾸며 채우려는 심리가 강한 사람들이 아닐까. 나의 그릇 속을 살핀다.

제5부
차향茶香 속에 담론談論들

차향茶香 속에 담론談論들

"차 한 잔 합시다."

이 말은 참 다정다감한 말이다. 차향茶香 속에 주고받을 많은 정담들! 생각만 해도 여유롭고 정겨움이 묻어나는 대화다.

차는 녹차, 홍차, 보이차, 우롱차, 솔잎차, 국화차, 대추차, 메밀차, 허브차, 커피 등등 그 수를 헤아리기 어렵다. 차는 원래 약으로 출발했다. 차가 다양하여 갈증해소에서 소화증진, 주독해소, 담 제거, 이뇨, 눈, 머리 등 갖가지에 효능을 얻기 위해서였다. 현대에 와서는 심신 피로 회복, 스트레스 해소 효과는 물론 여유와 멋까지 더하는 효능을 준다.

중국에 민노자가 물을 길어 차를 끓여 놓으면 벗인 장대란 사람이 차의 종류와 물맛을 알아맞히었다고 한다. 그만큼 그는 차를 제대로 음미하며 마셨다는 말이다.

어쩌면 우리네 삶도 차처럼 맛과 향이 각각 다르기 마련이다. 삶을 제대로 음미하면서 살아간다면 의미 있는 맛과 향을 얻을 수 있으리라. 그런데 물을 마시듯 훌훌 그렇게 살아간다거나 삶이 별 것이냐 한다면 어찌 생의 진미를 맛보았다 하랴.

나는 비교적 차茶를 즐겨 마시는 편이다. 일을 하다가도 책을 읽고 글을 쓰거나 혹은 한가로운 시간이면 차를 즐긴다. 특히 차를 마실 때 스치는 은은한 차향과 느껴지는 맛은 특별한 운치를 준다. 그때 즐기는 여유와 상념과 그윽한 낭만은 멋을 더한다. 그래서 옛 사람들이 '인생 삶은 차의 향과 맛을 보는 일과 흡사하다.'고 했는지 모른다.

예로부터 시인묵객들이 차를 즐겼다. 글을 쓴다는 것 역시 삶을 관조하고 음미하며 곱씹는 일로 삶의 맛과 향을 제대로 느낌과 같다. 이는 차를 마시는 일과 일맥상통한다. 그냥 지나쳐 버릴 것들도 글을 쓰면서 깊이 성찰하고, 또 퇴고를 하면서 난해한 문제들에 대한 답을 거듭 생각하게 된다. 즉 삶에서 맛과 향이 우러나도록 음미해 보는 일이기도 하다.

임어당은 그가 쓴 『생활의 발견』에서 '차에는 사람을 사색의 숲으로 인도하는 마력이 있다. 차는 지성인의 영원한 반려이다.'라고 했다. 그 역시 차는 삶의 여유로 명상 속에 삶을 즐기는 지성적 힘을 준다고 생각했다. 그래서 아무런 개성도 향기도 없는 차라면 차라 할 수 없다.

이처럼 맛과 향기도 없는 인생이라면 삶이라 할 수도 없으리라. 물론 우리 삶이 늘 차처럼 맛과 향기를 낼 수는 없다. 또 차를 마시듯 한가로이 살아갈 수도 없다. 그렇다고 인생을 지나치게 아근바근 바쁘게만 살 일도 아니다.

가끔은 옛 선인들처럼 심산계곡에 물을 길어와 차를 다려 맛과 향기를 음미하듯 여유와 멋 속에 살 필요가 있으리라. 나 역시 험난한 세상 바쁜 삶 속에서도 땀땀이 여유롭게 살려고 차향의 풍류를 즐긴다.

그래서 나는 차를 마시는 일은 의미 있는 삶의 여유로움과 멋이라 생각한다.

나는 농촌 산기슭 언덕배기에서 소가 논밭을 갈아놓고 누워서 눈을 지그시 감고 되새김질을 하며 이랑을 굽어보는 모습을 본다. 소가 급히 삼킨 풀들을 다시 되씹는 모습. 나 역시 시간이 허락되면 차를 마시면서 바쁜 삶들을 되씹고 음미하며 이랑이랑 글을 쓰는 일이 이와 흡사하다 하리라.

너무 숨 가쁘게 굴러온 삶의 수레바퀴! 때로는 맹수한테 쫓긴 들소처럼 마구 앞만 보고 허겁지겁 달려온 지난날을 돌아본다. 나는 속도감에 묻혀 기억이 아득하기도 한 것들을 천천히 차향 속에 떠올리는 명상을 즐기기도 한다.

나는 얼마 전 지인이 보내준 차를 마시며 향기와 맛을 천천히 음미하며 새김질한다. 벗의 차 선물이 유달리 반갑고 고맙다. 초의는 '차는 군자와 같아 사악함이 없다'고 했다. 차에는 잡다한 권력과 명예와 부귀의 욕망도 없다. 다만 차의 향과 맛이 있을 뿐이다.

이처럼 차는 약이고, 멋이고 향기다. 그리고 여유고 벗이다. 아내가 국화차를 권한다. 오늘따라 은은한 차향은 내 마음을 여유와 함께 참 맑고 향기롭게 해주어서 좋다.

지금은 목계木鷄를 다듬는 중

나이가 들면 무 밑둥치처럼 고독이 솟아오르기 마련이다.

이때 누구나 소리 없이 찾아오는 그 무게를 감당하기가 여간 힘들지 않다. 이를 멀리하려고 발버둥을 쳐도 날 샌 올빼미가 되기 십상이다. 특히 나이가 들면 자연히 사회생활과도 점차 거리감이 생긴다.

가정이란 둥지에는 자식들이 독립해 나가고, 건강도 예전 같지 않아 병원 출입이 잦고, 친구들과 관계도 소원해져 혼자 보내는 시간이 점차 많아진다. 어쩌면 '끈 떨어진 뒤웅박' 마냥 자칫 외톨이가 되기 쉽다.

이는 어쩌면 자연의 순리인지 모른다. 인간의 고독은 슬픔도 부끄러움도 괴로움도 아니다. 오히려 고독할 때 참된 내 영혼을 대면할 수 있는 최상의 기회다. 이를 벗하고 살아가는 게 지혜로운 삶인지 모른다.

소설가 김동리는 「고독에 관하여」란 글에서 '고독은 행복한 것이다. 고독한 동안 나는 나를 타인이나 세계에 의하여 송두리째 빼앗기지 않고 있다는 사실을 확인할 수 있기 때문이다. 고독한 만큼 나는 나에게 남아 있는 것이다.'라고 했다. 이처럼 고독은 어쩌면 나를 돌아보고, 진정한 나를 인지하고, 잃은 나를 되찾게 하는 소중한 기회다. 곧 진정한 삶에 참맛을 느끼게 하는 시간인지도 모른다.

오래 전 퇴임한 우리나라 저명 철학교수 세 분이 '내 생애에서 가장 좋은 시절은 어느 때인가'에 대하여 의견을 나눈 적이 있었다. 그분들은 65세에서 75세라는 결론을 얻었다. 까닭은 젊은 시절은 도전, 고뇌, 방황, 갈등의 소용돌이 속에서 무엇이 무엇인지도 모르게 분주히 살아왔다. 그런데 65세에 접어드니 여유를 얻어 삶을 조금은 알 것 같아 제대로 인생을 즐기며 살 나이라서 좋다고 했다.

그럼 무엇을 하며 어떻게 고독의 시간을 지혜롭게 보낼 것인가?

중국 고사에 목계지덕木鷄之德이란 말이 있다. 이는 장자의 달생達生편에 나오는 이야기로 주周나라 선왕宣王이 싸움닭을 좋아해서 '기성자紀省子'에게 우수한 싸움닭으로 훈련시키도록 했다.

왕이 맡긴 지 얼마를 지나 그를 불러 물었다. "훌륭한 싸움닭으로 싸우기에 충분한가?" "아닙니다. 아직 멀었습니다. 닭이 강하기는 하나 교만하여 아직 자신이 최고인 줄 알고 있습니다. 그 교만을 떨치지 않는 한 최고가 될 수 없습니다."

왕이 또 얼마를 지나 물었다. "아직 멀었습니다. 이제는 교만은 버렸으나 상대방의 소리와 그림자만 봐도 너무 쉽게 반응합니다."

왕이 또다시 얼마를 지나 물었다. "아직 멀었습니다. 조급함은 버렸으나 상대방을 노려보는 눈초리가 너무 공격적입니다."

얼마를 지나서 또 묻자 "이제 된 것 같습니다. 지금은 상대방이 아무리 소리를 질러도 완전히 마음의 평정을 찾았습니다. 이제 어느 닭이라도 모습만 봐도 도망갈 것입니다. 나무와 같은 목계木鷄가 되었습니다."

여기서 목계는 비유하자면 교만하지 않고, 웬만한 일에 반응하지 않으며, 지나치게 공격적이지 않고, 속을 비워 마음의 평정을 얻은 삶의 고수를 말한다. 이는 인간이 지향해야 할 인생 삶의 자세를 두고 비유한 말이다. 우리는 이와 같은 덕을 목계지덕木鷄之德이라 한다.

이젠 마음의 평정을 얻어 자질구레한 욕망에 지나치게 집착하지 않고, 짜증을 내지도 버럭버럭 화내지도 않고, 왕년을 떠벌리며 허세를 부리거나 교만하지도 않는 사람! 웬만한 일에 일희일비하지 않고, 세상 소용돌이에 꿈쩍하지 않고, 제 갈 길을 묵묵히 걸어가는 사람! 우리는 이런 사람을 목계의 도에 이른 사람이라 할 만하다.

어느 재벌 회장은 집에 목계를 다듬어 두고 아침저녁 쳐다보면서 경영의 도로 삼는다고 한다. 그는 많은 사람들을 대면하면서 경영을 하는 데는 목계지덕이 꼭 필요했으리라.

사람이 살아가는 데는 젊은이의 할 일과 나이든 이의 할 일이 있다. 삶에 고독을 알고 즐기는 일은 고독한 자의 몫이다. 자연섭리에 잘 대처하면 외로움이 오히려 좋은 선물이 될 수 있다. '철저한 고독 속에 자신을 던져라'고 니체는 『짜라투스』에서 말했다. 그래야 객관적으로 자신을 제대로 바라볼 수 있을 것이라 했다.

신은 왜 나이가 들수록 고독한 시간을 많이 주었을까? 그간 바빠서 미처 생각할 수 없었던 삶들, 시간이 없어 밀쳐놓았던 생각들, 꼭 하고 싶었던 일들을 정리하도록 목계지덕을 닦는 시간을 준 셈이다.

박경리의 유고시집에 「버리고 갈 것만 남아서 참 홀가분하다」는 시가 있다.

'모진 세월이 가고 / 아아 편안하다 늙어서 이리 편안한 것을 / 버리고 갈 것만 남아서 참 홀가분하다.'

이는 목계의 도에 이른 이만이 노래할 수 있는 시가 아닌가. 나도 이젠 더 가지기 위해 허겁지겁 뜀박질하는 삶에서 벗어나 무거운 짐들을 하나둘 내려놓고 안분지족安分知足의 철인이 되어야 할 때가 된 것 같다.

전화벨이 울린다. 친구 K의 전화다.

"여보게! 지금 무엇 하는가?" "글쎄 나 지금 목계를 다듬고 있는 중일세."

대나무 마디마디가 하늘을 본다

나는 대나무 숲을 유달리 좋아한다.

우선 사철 푸른빛 절개가 좋고, 시원스럽게 하늘을 향해 쭉쭉 뻗은 자태도 아름답다. 또 바람에 온몸이 한껏 휘어져도 다시 일어나 넘실거리는 그 생동감도 좋아한다. 그래서 예로부터 대나무는 4군자로 상징되어 많은 이들의 사랑을 받아왔는지 모른다.

대나무는 생리적으로 마디마디를 지어 하늘 높이 오른다. 그래서 나는 대나무 숲을 볼 때면 대를 이어 직업을 승계해가는 사람들을 연상한다.

『아제 아제 바라 아제』를 쓴 소설가 한승원의 딸 한강 작가가 『채식주의자』 작품으로 '세계3대 문학상' 중 하나인 맨부크상 인터내셔널 부문을 수상했다는 소식이다. 아버지와 오빠가 소설가이고 남편 또한 문학평론가라 한다. 또 황석영의 딸 황여정이 소설작가로 등단하고, 『소나기』를 쓴 소설가 황순원의 아들 황동규(서울대 전 교수)씨가 유명한 시인이고, 그의 딸 황시내 씨가 수필집 『황금물고기』를 출간했다니 참 좋은 글재주를 대대로 일궈가는 모습이다. 문학적 가정환경이 그들에게 준 영향은 자연스러웠을 것이다.

한 문학인이 일생동안 작품 활동을 하면서 얻은 지식과 지혜와 수집한 자료는 전공하지 않은 사람에게는 어쩌면 휴지 쪽이 될 수도 있지만, 전공하는 사람에게는 그것들을 가지려면 엄청난 시간과 돈을 지불해야 한다. 어찌 작가뿐이겠는가? 대개 본인이 죽고 나면 일생동안 애써 모은 자료들을 버리거나 불태워 버리는 것을 보고 나는 몹시 안타까워하기도 했다.

사람이 살아가는 데 가정환경으로 인한 영향과 분위기는 너무나 값진 일이다. 그렇다고 소양이 없는데 억지로 직업을 승계할 수는 없지만 있다면 금상첨화다.

나는 일전에 문우와 함께 서울에 있는 일본 우동 집을 찾았다. 일본 3대 명문 우동가의 하나인 아카타현의 이나니와가에서 서울시청 광장 옆에 '이나니와 요스케'란 간판으로 문을 열었다.

우동 하나가 350년 전통을 자랑하며 그 맛을 발전 계승하기 위해 7대에 걸쳐 꾸준히 가게를 이어왔다니 놀라운 일이다. 지금은 일본 전역은 물론, 홍콩과 대만에 지점을 비롯하여 한국에까지 진출하여 맛의 세계화에 전력을 다하고 있다.

이나니와 우동은 창업 당시와 변함없이 350년이 지난 지금도 수제手製 방식을 고집한단다. 전통 수타 건乾 우동으로 면발은 통통하고 가늘면서도 쫄깃한 맛으로 일본에서 큰 인기를 끌어왔다. 꽈리를 튼 탱탱한 면에서 다시마와 가쓰오부시 국물을 베이스로 한 간장 소스와 참께미소 쓰유 두 가지가 디핑소스로 제공된다.

나는 우동을 먹으면서 생각했다. 우리 음식도 세계적인 명품이 되려면 이처럼 최소한 몇 백 년, 몇 대를 거듭해 정성을 쏟으면 얼마든지 세계화가 가능하다는 생각을 하게 되었다.

우리는 예로부터 미각이 뛰어난 민족이다. 우리나라에는 된장, 간장, 고추장, 식초 등 과학적으로 발효시킨 우수한 천연 조미료가 즐비하다. 이를 바탕으로 얼마든지 훌륭한 음식들을 세계화시킬 수 있을 것이다. 더불어 음식을 담는 그릇 즉 도자기 문화도 세계적인 것으로 도약시킬 수 있으리라.

어찌 음식문화에만 국한하랴. 문화관광부는 '전통예술명가'로 박종기 대금산조의 창시자 집안을 지정했다. 2010년 세종·매경 음악콩쿠르에서 대상을 받은 박명규 씨의 고조부 박종기, 증조부 박범준, 조부 박병천, 아버지 박환영(부산대 국악과 교수) 등 5대가 대금 분야에 명성이 높은 사람들이다.

이처럼 마디마디 대를 이어가면 한국 대금의 세계화도 멀지 않으리라 생각된다. 전문성을 요구하는 직업일수록 한 세대에 큰 뜻을 이룩하기는 어렵다. 이 일을 대대로 이어 노하우를 하나둘 쌓아 승계시킨다면 기술적 발전과 함께 사회적 신뢰는 날로 도약될 것이다. 이것이 결국 세계적인 명가를 이룩하게 되리라. 나는 이런 가문들이 많아지기를 희망한다.

그렇다고 모든 일을 무조건적으로 승계하자는 것은 물론 아니다. '같은 값이면 다홍치마'란 말처럼 직종이 그렇고 이어받을 DNA가 있어 승계할 수 있다면 좋다는 뜻이다. 그래서 나는 현대 젊은이들이 직업 선택에 고민할 때, 우선 대를 이을 만한 직업이 없는가를 살펴보라고 권한다.

예로부터 대나무는 두 가지 복을 지녔다는데, 오래 장수하는 것과 종족이 무성함이다. 윗대가 일궈놓은 일을 승계 받아 오래도록 발전시킬 수 있는 일은 두 가지 복을 모두 받는 셈이다.

나의 고향에는 대나무로 뒤뜰 울타리를 삼은 집들이 많았다. 나는 해가 거듭될수록 푸른 대숲이 왕성한 생명력을 얻어가는 모습을 보면서 자라왔다.

삶의 끝자락 잡고 서서

평소에 건강함을 자부하던 나는 건강 검진차 종합병원을 찾았다.

의사는 나의 혈액과 각종 검사지에 기록된 이런저런 정황을 살피더니 고개를 갸우뚱거리며 CT촬영을 권한다. 결과는 중병으로 의심된다는 진단이었다. 나는 황당한 선고 앞에 당황하지 않을 수 없었다. 또 여기서는 치료가 불가능하니 대학병원으로 급히 가보라는 말을 덧붙인다.

나는 뒤통수를 세차게 얻어맞은 듯 멍하니 한참동안 할 말을 잃었다. 부랴부랴 자부가 근무하는 서울 S대학병원을 찾았다. 설마 했는데 결과는 마찬가지였다. 의사는 백혈병의 한 유형이라며 듣지 못한 다발성골수종이란 병명을 말해준다. 이는 M담백질의 과다한 생산으로 균형을 잃어 그것이 뼈를 상하게 하는 병이라 한다. 즉시 인터넷을 뒤졌다. 원인은 아직 명확히 규명되지 않은 병으로 6개월 운운한다. 순간 만감이 교차했다.

나는 지금까지 삶만 줄기차게 생각했지 죽음은 헤아리지 않았다. 아직은 내 생을 마감하는 일은 꿈에도 생각하기조차 싫었다.

누구나 자신의 몸을 잘 돌봐야 건강한 육체에 건전한 영혼이 온전히 머물 수 있다. 내 육신이 상하여 없다면 내 영혼은 떠날 수밖에 없는 일이다.

나는 그간 내 육체를 너무 홀대한 것 같아 뒤늦게 후회했다. 아무튼 이 일을 어찌하랴! 그러나 헤밍웨이는 "희망을 갖지 않는 것은 어리석다. 희망을 버리는 일은 죄인이다."라고 했다. 그렇다 나는 그 와중에도 생에 대한 애착을 버릴 수는 없었다. 결연한 의지로 삶의 희망을 다졌다.

그 후 부산에서 서울로 삶과 죽음의 레일 위를 수없이 오르내리며 치료에 열중했다.

한편 "하늘에서 사람에게 일을 맡길 때에는 반드시 먼저 그들의 마음을 괴롭히고 몸을 수고롭게 하고 또한 생활을 궁핍하게 하여 하는 일마다 어긋나고 틀어지게 만든다. 이것이 그들의 마음을 움직여서 인내심을 기르게 하고 어려운 일을 다 많이 해낼 수 있는 능력을 길러주기 위해서다." 이는 맹자에 나오는 말이다. 나는 이 말을 위안으로 삼았다.

결국 벼랑 끝에 내몰린 나는 오래도록 고뇌를 거듭한 후에야 한 가지 결론을 얻었다. 어차피 죽음이 예고된 마당이라면 감성에 휘둘려 유야무야 시간을 낭비할 일이 아니라 냉철하게 이성적 판단을 할 때라 생각되었다.

생명체는 언제 어디서나 죽을 수 있는 일 아닌가. 세상에 영원한 것은 없다. 다만 조금 일찍 떠나고 늦게 떠남만 있을 뿐이다. 어쩌면 이만큼 살아온 것만으로도 무한히 감사할 일이니 남은 시간을 허송세월

하지 말자며 나를 다독였다. 우선 죽음에 앞서 내가 할 일들을 정리하기로 했다.

6개월 후에 비록 죽음의 벼랑 끝에 설망정 매무새를 여며 내 삶을 성실히 갈무리하리라 생각했다. 그때부터 나는 어느 정도 마음에 평정을 얻어 치료에 차분히 응하면서 하루하루를 충실히 보낼 수 있었다. 나는 의사의 지시에 충실했고 헌신적으로 내조하는 아내와 식구들의 의견에 따르려고 애썼다.

너무나 힘든 나날의 연속이었지만 결연히 감내한 결과는 감동적 결과를 낳았다. 6개월은 6년을 넘기게 되었고, 지금은 10년을 넘어 정상인으로 생활한다. 그간 치료에 많은 고통이 따랐지만 평소대로 생활을 하려고 애쓰며 차분히 시를 썼고, 수필을 쓰는 일에 게을리 하지 않았다. 그 덕택에 고통스러운 아픔도 잊을 수 있었고, 뜻한 몇 권의 시집과 수필집도 연이어 출간했다.

만약 그때 내가 분함과 슬픔의 감정에만 사로잡혀 좌절하거나 분노로 일삼았다면 병도 고치지 못하고 고통스러운 나날로 허송하는 어리석음을 범했을 일이다. 또한 나는 이때부터 마음에 엄청난 변화가 일어나기 시작했다. 세상에 대한 깊은 애정과 더불어 하루하루의 삶에 감사하는 마음이 가슴 깊이 새겨지기 시작했다. 삶은 혼자가 아님도 절실히 깨달았다. 들에 피는 꽃 한 송이도 땅과 하늘과 벌과 나비의 도움이 필요하다. 세상을 향한 나의 눈길은 한없이 따뜻해지기 시작했다.

사람은 무엇을 잃고 나서야 귀함을 안다고 했던가. 다시 새 삶을 산다는 의미는 무엇인가? 나는 어떻게 살아야 하는가? 나는 처절한 자아성찰의 시간 속에서 마치 인생 철학자라도 된 양 변했다.

또한 삶의 끝자락을 잡고 바라보았을 때, 내가 지금까지 알고 있던 소위 진리라고 하는 수많은 것들이 사실은 꽤 거짓된 허상임을 깊이 깨달았다.

그리고 부질없는 욕망들을 하나둘 내려놓고 마음의 깃털들을 가볍게 하려고 애썼다. 막상 죽음 앞에서 세상을 바라보면 예찬하고 감사해야 할 귀한 일들이 너무나 많았다. 그런데 평소에는 고마워할 줄을 모르고 산다. 또 나는 그간 내 자신이 잘나 내 힘으로 산다는 오만한 생각을 할 때가 많았다. 그러나 엄청난 착각일 뿐이다. 타의 도움 없이는 단 한 시간도 살아가기 힘든 존재가 인간임을 깨달았다. 우주질서 없이 지구가 존재할 수 없고, 지구가 없다면 자연이 존재할 수 없다. 또한 자연이 없다면 어찌 인간이 존재할 수 있으랴. 그리고 부모와 이웃과 사회가 없다면 이 몸이 지금까지 생존할 수 있었을까?

이를 제대로 깨닫게 하려고 나를 여기까지 인도했는지 모른다.

나는 지금 길을 걸어가면서 하나의 사물도 예사롭게 보지 않는다. 또 사람은 물론 들에 핀 이름 없는 꽃 한 송이와 흘러가는 물소리도 아름답고 고맙게만 느낀다. 그래서 나는 오늘도 내 마음 속 거울을 닦으며 감사하는 마음으로 살아간다.

학문

인간 삶에는 귀한 것들이 참 많다.

그 중 오랜 세월에도 변함없이 삶에 으뜸 자리인 상석上席에 앉아 고귀함을 잃지 않는 것이 바로 학문學文이다. 심지어 글 모르는 귀신이 없다는 말이 있을 정도다. 누구나 글을 귀하게 생각하고 나아가 학문을 중시하며 배우고 익히려 한다.

공자도 논어에서 첫말이 학이시습지學而時習之 불역열호不亦說乎라 하여 인간 삶에 가장 즐거운 일은 배움이라 했다.

이처럼 예로부터 현명한 사람들은 책을 많이 읽어 지식과 지혜를 얻기를 원했다. 그런 사람이 되기는 간단하지가 않다. 학문은 하고 싶다고 쉽게 하루 이틀에 이룩되는 일도, 머리가 좋다고 다 되는 일도 아니다.

학문은 두뇌는 물론 지적 호감과 의지와 성실성과 건강 등 총체적으로 뒷받침되었을 때 이룩되어지는 보석이다.

세상을 살아가는 데 제반 난해한 문제들이 많다. 그 해답들이 대개 학문을 통해서 지혜를 얻어 푸는 경우가 다반사다. 삶의 문제에 바른 판단과 처리를 하는 데 이만한 보배가 없으리라. 학문은 어떤 문제를 전체적으로 총괄하여 논리적으로 정리하고 해결의 실마리를 하나둘 풀어나가는 예지叡智의 창고다. 그래서 나라마다 학문을 숭상하여 훌륭한 인재들을 양성하여 등용하고, 그들의 지식과 지혜를 최대한 활용하여 나라를 경영해 나간다.

물론 국가 경영이 학문을 많이 한 사람만으로 되는 일은 아니다. 그래도 어느 나라에서나 그들이 중추적 역할을 담당 기획하고 총괄해 나라 경영을 이끌어 나감은 엄연한 현실이다.

우리가 이처럼 학문을 중히 하는 이유는 진리를 탐구하여 인간 삶의 발전과 행복을 이룩하기 위해서다. 이 학문의 가치를 아는 사람일수록 그에 더 매달린다. 다른 것은 몰라도 이를 이룩하기 위한 일엔 개인은 물론 각 나라도 양보하지 않는다. 특히 사회 지도층에 있는 사람들과 선진국일수록 더 적극적이다. 그 효능을 이미 경험하여 잘 알고 있기 때문이다.

이 시대 불교계 최고의 선객이었던 성철 스님도 모든 물욕을 버리라면서도 학문하는 데는 욕심을 버리지 말라했다. '밥은 죽지 않을 정도만 먹고, 옷은 살이 보이지 않을 정도면 됐고, 공부는 밤을 지새워서라도 하라.'고 권했다. 이처럼 종교인들에게도 공부 즉 학문은 최고의 가치를 더하는 수행정신이기도 하다.

한편 베이컨은 '학문'이란 어휘에서 '약삭빠른 사람은 학문을 경멸하고, 단순한 사람은 숭배하며, 현명한 사람은 그것을 이용한다.'라고 했다. 학문을 단순히 지식을 얻는 일로 그칠 일은 아니다. 지식에서 지혜를 얻어 현실에 잘 활용하면 개인은 물론 가정과 나라와 인류도 구원할 수 있는 길이 열린다. 일찍이 성현은 '사람이 배우지 않으면 캄캄한 밤과 같으며, 익히지 않으면 길을 알지 못한다.'라고 했다. 이는 다 학문을 중시하는 말이다.

나는 살면서 아무리 앞뒤를 돌아봐도 세상살이에 학문만한 보석이 없다고 생각한다. 한 예로 세계역사서를 깊이 탐독하고 나면 삶의 역사를 익히는 것은 물론 미래의 인간 삶을 미루어 예측함이 가능하다. 그러나 비록 학문이 값있는 보석이라 해도 현실과 미래 삶에 보탬을 주지 못한다면, 이는 먼지가 뽀얗게 앉은 서고書庫의 책과 다름없다.

아리스토텔레스는 일찍이 "학문은 번영의 장식, 가난의 도피처, 노년의 양식"이라고 말했다. 그렇다고 단순한 관념 중심의 학문으로 '글에 미친 송 생원'이 되자는 말은 결코 아니다. 우리의 삶에 현명하고 바르게 이용후생利用厚生하는 학문으로 격을 높여주어야 제 가치를 더한다 하리라.

또한 우리의 학문은 바다처럼 넓고 깊은 것이다. 세상에서 배운 많은 견문 지식을 받아들이는 데 조금도 소홀히 할 수는 없다. 또 얕은 지식으로 좁은 세상에 갇혀 살아서도 아니 될 일이다. 광활한 세상은 늘 변화무상하게 진화한다. 그래서 학문의 바다도 날로 깊고 넓게 변화해 간다.

아인슈타인에게 제자들이 "선생님의 그 많은 학문은 어디에서 나왔나요?"라고 물었다. 그는 손끝에 한 방울의 물을 떨어뜨리며 "나의 학문은 바다에 비하여 이 한 방울의 물에 지나지 않는다."라고 했다.

내가 부단히 닦은 지식들을 바탕으로 넓은 세상을 보고 살아가야 한다. 그러기 위해서 우리는 배움에 늘 꾸준히 정진해야 한다는 말이다. 즉 공부는 인간 삶의 당연한 의무다. 그래서 노자는 '늙어서도 가장 즐거운 일은 공부하는 일'이라 했다. 공부는 젊어서도 필히 해야 할 일이지만 늙어서도 더 필요한 것이 아니겠는가. 나아가 학문은 인격을 도야하기도, 능력을 기르는 효과도, 일을 계획하고 구상, 통제하기도 하여 항상 새 삶의 지혜를 얻는 총 본산이다. 그렇다고 학문이 인간 삶에 만능은 물론 아니지만, 학문을 게을리하거나 경멸하는 일은 큰 문제다.

한편, 우리가 학문을 통하여 얻은 지식도 유통기한이 있기 마련이다. 흔히들 경제학, 전자공학을 비롯한 과학은 10년 정도면 고전이 된다고 한다.

변화의 속도는 점차 더 빨라지고 있다. 지난날 내가 배우고 익힌 학문들이 상당부분 유통기한을 이미 훌쩍 넘긴 것들이 많다. 일정 시간이 지나면 절반은 쓸모없는 것이 된다. 세상은 날로 변화무상하기 마련이다.

오래 전 학교에서 배우고 익힌 지식만으로 지금을 살아가기는 너무나 벅찬 세상이다. 그로 늙은이의 지식과 사고가 젊은이의 새로운 생각이나 지식에 미치지 못할 때가 많다. 이는 이미 낡은 지식으로 오늘을 살려하기 때문이다. 아무리 총명한 자라도 새로운 지식들을 배우고 익히지 않으면 새 것을 깨닫지 못하기 마련이다. 그리고 배움으로 얻은 지식이 삶의 지혜로 바뀌놓지 못하면 죽은 학문이나 다름없으리라.

문인 K의 전화를 받았다. 내일 세종문화회관에서 Y 작가의 「미래 우리 문학의 방향」을 주제로 한 강좌가 있으니 함께 갈 수 있겠느냐고 묻는다. 쾌히 동참하겠다고 답했다. 그리고 메모지를 챙겨두었다.

얼마나 괴력을 발휘해 봤는가

평범한 한 젊은이가 볏가마니를 가뿐히 들어서 던졌다면 대부분 거짓말이라 한다. 이런 행동이 평소에는 어렵지만 막상 극한 상황에 놓이면 얼마든지 가능한 일이다. 그래서 '급하면 석 자 담을 뛰어 넘는다'는 말이 있는지 모른다.

한 지인이 대학을 다닐 때 방학 중 집 부근에서 놀다가 집에 불이 났다는 소식을 듣고, 단숨에 뛰어가 창고에 쌓아둔 볏가마니를 허겁지겁 던졌다. 불을 다 끄고 난 후에 다시 옮기려하자 단 한 가마니도 들 수가 없었다고 한다. 이처럼 극한 상황에서는 자신도 모르는 초능력적인 힘이 발휘된다. 어쩌면 이를 괴력 혹은 초능력이라 할 수 있다. 가끔 예전에 무슨 열정이 있어 내가 그런 일을 해냈을까 스스로 놀라기도 한다. 그런 경우 자신의 괴력이 이룩한 일이고 잠재된 초능력의 발휘라 할 수 있으리라.

인간은 평소 자기 능력의 일부분을 발휘하며 산다고 한다. 다만 특별한 일이 있을 때 열정적 괴력을 한껏 발휘할 뿐이다. 우리는 엄청난 능력을 갖고 있다. 그런데 얼마만큼 그 괴력을 평소에 발휘하면서 살아왔을까?

나는 대하소설大河小說을 읽을 때마다 작가들의 대단한 괴력에 경탄할 때가 많다. 특히 박경리의 『토지』는 1969년 '현대문학'에 연재를 시작하여 1994년 8월까지 만 25년 간 꼬박 집필한 장편 대하소설이다.

작가는 "한때 나는 악이 승리한다는 절망 속에서 밤을 지새우며 글을 썼고, 가족과의 호구를 위해 밤을 밝혀야만 했고, 병고와 맞서 굴복하지 아니한다는 증좌로 글을 썼고, 정신의 살해자, 그 몰이꾼에 쫓기는 한 마리 사슴같이 이래도 되는 겁니까, 외치며 글을 썼다."라고 했다.

그의 『토지』는 자신의 피땀 흘린 초능력적 괴력이 만들어낸 한국문학사의 기념비적 작품이다.

또한 조정래의 『태백산맥』은 1983년 '현대문학' 9월호부터 연재를 시작하여 6년만인 1989년에 완성된 작품이다. 그 외에 『아리랑』 『한강』 등이 그의 괴력에 의해서 탄생된 장편 대하소설들이라 할 수 있으리라.

혹자는 편지 한 장을 쓰는 일도 어렵다는데, 이처럼 방대한 대하소설을 완성한 사람은 굉장한 초능력적 괴력을 발휘한 작가임이 틀림없다. 그런데 나는 많은 작가들에게도 이와 유사한 힘이 잠재되어 있으리라 본다. 다만 뛰어난 능력의 유무는 제외하고, 쓰는 일은 작가 자신의 불굴의 의지와 강한 집념에 달려있다고 본다.

한 편의 시도 쓰기 어려운데 고은 시인은 『만인보』의 시집을 통해 5,600명을 대상으로 시를 썼다. 어찌 그 많은 사람들을 일일이 시로 쓸 수 있었을까? 그 또한 괴력의 시인이 틀림없다.

또 괴테의 『파우스트』는 그가 23세 때부터 쓰기 시작하여 죽기 1년 전인 83세에 완성된 작품이다. 그가 60년 동안 괴력을 발휘하여 쓴 것이다. 이는 괴테 생애의 최대 세계적 걸작이 되었다. 이 작가들의 공통점은 무엇일까? 물론 재능이 남달랐지만, 확고한 신념을 갖고 꿋꿋이 의지를 실천했다는 사실이다.

플라톤은 '인간 최대 승리는 내가 나를 이기는 것이다.'라고 했다. 즉 가장 이기기 어려운 자신의 마음을 이긴 사람들이다. 작가의 길은 겉은 화려한 것처럼 보이지만 알고 보면 남들이 흉내 내기조차 어려운 인고의 세월을 이겨낸 강한 집념을 가진 사람들이다.

나는 문학 작가의 길을 오랫동안 걸어오면서 그에 버금가는 괴력도 초능력도 발휘하지를 못했다. 그래서 나의 작품 세계는 미천할 수밖에 없다는 사실을 뒤늦게 깨달았다.

사람이 늘 괴력을 발휘하며 살 수는 없다. 그렇다고 주어진 초능력적인 괴력을 한 번도 제대로 발휘하지 않고 유야무야 살아간다면 그것도 어리석고 억울한 삶 아닌가!

'지금 그대는 무엇을 생각하고 또 어떤 괴력을 발휘하는 중인가?' 이렇게 묻는다면 나는 어떻게 대답할 것인가. 나에게도 초능력적 괴력이 어딘가 잠재되어 있음은 분명하다. 그것은 하늘이 나에게 숨겨놓은 최대 선물인지 모른다. 그런데 나는 단 한 번이라도 귀한 괴력을 제대로 발휘해 봤는가?

내 자신한테 엄하게 묻고 또 물어본다. 이 핑계 저 핑계로 세월들을 소진시킨 지난날이 참으로 어리석었다 하리라.

나는 뒤늦게나마 내 의식 속에 깊이 잠자고 있는 초능력적 괴력을 일깨워 한번 발휘해보고 싶은 욕구를 느낀다.

뼈만 앙상한 청새치 인생

우리 주변 곳곳에는 작은 행복에서 큰 행복들이 널브러져 있다.

그래서 아무것도 가진 것 없는 순진무구한 어린이가 웃으며 행복을 한없이 줍는다. 그런가 하면 높은 명예를 얻은 저명한 대학자, 권력의 욕망을 한껏 누리는 권력자, 대재벌도 많은 것을 갖고도 불행하게 삶을 마감하기도 한다. 그런 까닭으로 '행복은 감사의 문에서 들어오고 불평의 문에서 나간다.'라고 하는지 모른다.

어느 날 산에 사는 산 나귀가 비가 오면 비를 맞고 겨울 찬바람이 불면 추위에 떨며 먹을 것과 잠잘 곳을 찾으며 고통스럽게 살았다. 하루는 그 산 나귀가 마을로 내려와 한가롭게 먹이 먹는 집 나귀를 만났다. 그의 외양간은 깨끗하고 좋았다. 아주 맛있는 음식들을 실컷 먹으며 불편한 점이라고는 하나도 없는 것 같았다. 이에 산 나귀는 참 부러워했다.

그 후 며칠이 지나서 산 나귀는 고갯길에서 보리 섬을 산더미처럼 실은 수레를 끌고 올라오는 집 나귀를 만났다. 나귀가 땀을 흠뻑 흘리며 가쁜 숨을 몰아쉬고 힘겹게 고개를 오르고 있었다. 집 나귀는 인사를 나누려고 조금 멈추자 주인은 사정없이 채찍으로 등을 마구 후려쳤다. 매를 맞은 나귀는 아무 말 못하고 짐수레를 끌고 지나갈 뿐이었다.

'아무리 좋은 집에서 맛난 음식을 실컷 먹고 풍요로운 생활을 한다 한들 저런 고통을 당하고 산다면, 자유롭게 사는 내가 훨씬 더 행복한 셈이지' 산 나귀는 혼자 흥얼거리며 산길로 뛰어올라갔다.

이는 이솝의 「산 나귀와 집 나귀」 이야기다. 자신의 자유로운 삶 속에 진정한 행복들이 자리하고 있음을 일깨워주는 우화다.

오늘날 우리 현대인은 어쩌면 저 집 나귀와 흡사한지 모를 일이다. 그래서 칸트는 『인생은 말한다』에서 '행복을 추구하는 것도 중요하지만 행복을 제대로 알고 누릴 자격이 있는 사람이 되는 일이 더 중요하다'라고 했는지 모른다.

어느 시인은 행복은 일상생활 속 평범한 것으로 아이들의 보물찾기 놀이에 빗대어 노래하기도 했다. 그렇다. 행복은 거창한 것만이 아니라 우리 주변 소소한 일들에서 찾으면 얼마든지 찾을 수 있으리라.

우리가 마음을 깨끗이 하고 맑은 눈으로 천천히 찾아보면 보인다. 조금만 몸을 낮추어 주의 깊게 살펴보면 올망졸망하게 군락지를 이룬 들꽃처럼 행복은 곳곳에 있다.

우리가 지나치게 분에 넘치는 큰 행복에만 매달리다 보면 작은 행복들을 다 잃어버리는 우를 범하기 쉽다. 만약 분에 넘치는 큰 행복 하나를 성취하기 위해 무수히 많은 행복들을 희생시켜 버린다면 이는 결코 바람직한 삶이라 할 수 없으리라.

미국의 소설가 헤밍웨이의 작품 『노인과 바다』에 주인공은 멕시코

부근에서 조각배를 타고 홀로 고기를 잡아 생계를 이어가는 어부다.

84일 동안 빈손이었는데, 85일째 되던 날 길이가 5.5미터에 무게가 700킬로그램이나 되는 거대한 청새치를 낚아 밀고 당기며 사투를 벌였다. 손과 어깨에 피멍이 든 사흘째 되던 날 노인은 작살로 청새치의 심장을 찔러 배에 붙잡아 매는 데 성공한다. 그는 꿈에 그리던 큰 물고기를 잡았다. 어부가 청새치를 끌고 오는 동안에 상어 떼의 처참한 공격을 받고 만다. 결국 뼈만 앙상하게 남은 청새치를 끌고 집으로 돌아온다. 그리고 그는 깊은 잠에 들어 사자 꿈을 꾼다는 줄거리다.

이는 포기를 모르는 불굴의 의지와 큰 도전 정신을 담은 걸작이다. 작가는 어부의 끈질긴 투지로 얻은 정신적 성취감을 그려냈다. 바다는 어부의 인생이었고, 청새치는 그의 꿈이었다.

어부가 큰 청새치를 잡은 기쁨으로 한없는 행복감에 잠긴다. 그의 정신세계는 많은 사람들에게 감동을 주었다. 그러나 우리의 현실은 이런 정신세계에서 아무나 큰 행복이 쉽게 얻어지는 일은 결코 아니리라.

어디서 환청이 들려온다. '당신은 행복을 제대로 아는가? 멀리 있는 분에 넘치는 행복에 지나치게 연연하지 말고 가까이 있는 것들에서 행복을 찾아보라. 그리고 누릴 수 있는 것부터 행복을 누려라. 이것이 행복의 바른 질서이니라.' 그간 나는 가까이 있는 작은 행복들을 지나치게 소홀히 했다.

넓은 바다에서 분에 넘치는 큰 청새치를 잡으려고 끝없이 항해하느라 삶의 시간을 너무 많이 낭비해 버렸는지 모른다. 이제 에너지를 다

소진한 늘그막에 와서는 피로와 인생 허망감에 빠지기도 한다.

물론 큰 행복이 좋다. 또 밖에 있는 행복도 좋다. 그러나 주변의 작은 행복들을 지나치게 소홀히 하거나 무시하면 결국 뼈만 앙상한 청새치가 되기 십상이다. 아내와 아이들은 가끔 불평불만을 털어놓는다.

지난날 함께 살아오면서 가족의 작은 행복들을 지나치게 소홀히 한 나의 삶을 들먹인다. 그때마다 나는 뼈만 앙상한 청새치의 인생이 되고 만다.

나의 생각 나의 운명

‘자신이 생각하는 대로 살지 않으면 멀지 않아 자신이 사는 대로 생각하게 된다.’ 이는 사상가 폴 발레리(프)의 말이다. 자신의 생각이 행동을 낳고 그것이 결국 운명을 만든다는 말이다.

목사이며 저술가인 ‘노만 필’(미)은 『적극적 사고의 힘』이란 저서를 펴냈다. 그는 “적극적 사고는 무슨 일이나 낙천적, 희망적, 긍정적으로 생각하게 하고, 소극적 사고는 안 된다고 비관적, 절망적, 부정적으로 생각하는 것”이라고 했다.

매사를 안 된다. 어렵다, 부끄럽다, 귀찮다, 싫다하면 아무 일도 이룩할 수 없다. 이런 생각을 자신에게 세뇌시키면 자아는 그 방향으로 움직이기 마련이다. 이왕에 뜻을 세웠으면 두 팔을 걷어붙이고 일이 성사되도록 하는 적극적인 자세가 최선이다.

그런데 나는 매사에 어떤 태도로 살아왔는가를 돌아본다. 나의 삶은 적극적이지 못한 편이다. 그래서 적극적인 성격을 가진 사람을 보면 부러워할 때가 흔하다.

매사에 조금만 어려워도 나 몰라라 하는 이를 소극적 사람이라 한다. 자신의 운명도 내가 얼마든지 통제하고 조종할 수 있다고 확신하는 이는 적극적 사고를 하는 사람이다. 소극적 사고와 행동으로는 추진하고자 하는 일에 힘이 제대로 발산될 리 없다. 잘 살고 못 사는 것은 타고난 팔자가 결코 아니다. 결국 그것은 자신의 생각과 행동의 결과물일 뿐이다.

사람은 호랑이나 사자처럼 강한 이빨도 발톱도 곰이나 코끼리처럼 큰 힘도 없는 약한 존재가 틀림없다. 그러나 무엇을 하겠다는 강한 집념을 굳혔을 때는 무서운 힘을 발휘하는 강자다. 그런데 이런 적극적 사고와 행동은 하루아침에 아무나 가져지는 일이 아니다. 이 또한 육체의 근육과 같아 꾸준히 길러나가야 갖게 되는 일이다.

한 중소기업을 경영하는 사람의 이야기다. 회사에 동갑네기 젊은 친구 Y, S 두 사람이 나란히 입사를 했다. 그런데 얼마 있지 않아 임금이 동기보다 적다며 S가 불합리하다고 사장을 찾아와 불평불만을 털어놓았다.

"사장님, 제 친구와 똑 같이 입사하여 동일한 일을 줄곧 해왔는데, 어찌하여 나의 봉급은 Y보다 적느냐?"고 따졌다. 사장은 한참 동안 생각하다가 말했다.

"자네, 지금 A공장에 가서 오늘 생산한 제품 한 개를 갖고 오라"고 했다.

S는 재빨리 달려가 사장이 말한 제품을 들고 왔다.

"수고 했네, 그래 오늘은 누가 근무하든가? 또 지금까지 생산한 제품이 얼마라 하든가?" 등을 물었다.

"글쎄요, 그것은 잘 모르겠습니다."

"S군! 그럼 지금 가서 다시 알아보고 오게."

S는 다시 A공장으로 급히 달려갔다가 왔다.

"오늘은 몇 사람이 근무하고 있으며, 지금까지 생산한 것이 총 몇 개라 합니다."

"그럼 오늘 예상한 생산 목표는 몇 개이며 불량품은 몇 개라고 하든가?"

S군은 또다시 헐레벌떡 갔다가 와서 "생산 목표는 총 몇 개이고 불량품이 몇 개라고 합니다."

"S군, 지금 바쁜가? 그렇지 않으면 자네 내 일을 좀 도와주게나."

그리고는 사무실 정리를 돕게 했다.

사장은 즉시 Y군을 불렀다.

"자네, 지금 A공장에 가서 오늘 생산한 제품 한 개를 갖고 오라"고 했다.

Y군은 A공장에 다녀와서 제품 한 개를 사장에게 전했다. 누가 근무하든가?

"오늘 공장에는 누구누구가 근무를 하고 있습니다."

"오늘 생산한 것은 얼마라 하든가?"

"불량품 몇 개를 제외하고 총 몇 개라 합니다. 그리고 오늘 생산 목표는 몇 개 정도라고 합니다."

"Y군, 수고했네. S군도 여기 앉게나. 우리 공장에서 개선해야 할 점을 기탄없이 말해 주게나."

그때 Y군은 현재 공장 운영의 장단점을 그간 자신이 파악하고 공부한 바라는 전제 아래 상세하게 이야기했다. 그리고 다른 회사 생산 공장의 운영을 예로 들어가며 조목조목 말했다.

그 후 Y군은 회사에서 중역을 맡아 일하게 되었고, S군은 중도 하차했다는 후일담을 들려준다.

그는 회사를 경영하다가 보면 그리 오래지 않아 사원들을 파악할 수 있다는 말을 덧붙인다. 소극적인 사원은 시키는 일 이외는 신경을 쓰지 않는다고 했다. 그에 반하여 적극적인 사원은 보다 적극적으로 일을 찾아 상황을 파악하고 연구하면서 개선하여 발전시키려 한다고 했다.

빌 게이츠는 현재 세계 제일의 부자다. 그런데 그는 만인이 고이 잠을 자는 새벽 3시면 꼭 일어나서 빠짐없이 책을 읽는다. 하바드대학교 법학과를 중퇴 후 지금까지 계속하고 있다고 한다. 그는 한 달 평균 50여 권의 책을 필히 읽는 셈이다. 1년이면 6백여 권의 책을 읽는다. 무엇 때문일까?

그가 책을 열심히 읽는 이유는 "책에서 새 지식을 얻어 정신적 양식을 풍요롭게 하고 새로운 사업의 활력소를 얻기 위해서다."라고 술회했다.

사업을 단순히 운명으로 돌리지 않았다. 다들 새벽 3시에는 편안히 깊은 잠을 즐길 때다. 빌게이츠의 오늘이 우연히 얻어진 일이 아님을 말해주는 대목이다. 그는 항상 적극적인 삶을 살아가는 사람이다. 그는 "태어나서 가난한 건 당신의 잘못이 아니지만 죽을 때도 가난한 건 당신의 잘못이다."라는 말을 던졌다.

나는 어떤 삶을 사는 사람인가. 적극적인 삶을 살아왔는가, 아니면 소극적인 삶을 사는 사람인가. 아! 나는 내 생각이 행동을 낳았고 그 행동이 오늘의 내 운명을 만들어왔다는 사실을 깊이 깨닫는 계기가 되었다.

백발가는 이렇게 노래하더이다

언제쯤 어른이 될까? 그때가 엊그제 같은데 벌써 흰머리 일색이다. 아이들은 어른의 세계를 동경하는데 어른들은 아이 때를 마냥 그리워한다. 어느덧 내 인생 「백발가」를 부를 나이에 이르렀다.

한 손에 막대를 쥐고 또 한 손에 가시를 쥐고, / 늙는 길 가시로 막고 오는 백발 막대로 치려더니 / 백발이 제가 먼저 알고서 지름길로 오는구나.

세월의 한계를 애틋하게 일러준 고려 우탁禹倬이 부른 단가短歌다. '초대하지 않은 귀밑 흰머리 한둘이 왔을 때 새치로만 알았더니, 그것이 백발의 전령사임을 몰랐다'는 옛 시인의 노래가 지금의 내 마음을 고스란히 대변해 준다.

우리 속담에 '늙고 병든 몸은 눈먼 새도 안 앉는다.'는 말이 있다. 즉 늙음은 다들 좋아하지 않는다는 말이다. 그러나 곰곰이 생각해 보면, 백발은 부끄러움도 죄스러움도 아니다. 어쩌면 자연의 섭리에 따라 살아남은 자에게 신이 내린 월계관인지도 모른다.

이젠 치열한 생존경쟁의 굴곡에서 한 걸음 물러나서 시간 여유를 갖고 값지게 갈무리 할 때다. 어쩌면 이것이 품격을 갖춰 늙는 길을 찾는 일이리라. 다행히도 신은 인간에게 육체적 백발은 주었을망정 마음은 젊음을 유지할 여지를 두었으니, 참 다행스러운 일이 아닌가!

생각 따라 백발은 한겨울 설산일 수도 있지만 때로는 꽃 피는 봄날이기도 하다. 흰머리가 오랜 경륜을 말해 주는 이력일 수도 있고, 어쩌면 인생 지혜의 상징이기도 하다. 말 한 마디를 해도 허투루 하는 말이 아닐 것 같고, 말귀마다 경륜에서 얻은 이력으로 넉넉한 삶의 예지가 담긴 말일 것 같다.

웬만한 일에 다투지 않고, 얽히고설킨 갈등이 적어서 좋고, 세상 보는 시야가 넓고 너그러워서 좋다.

아침을 맞는 것만으로도 좋고, 어딘가 갈 수 있는 발걸음이 고맙다. 오늘도 사람들 만나 정담을 나눌 수 있어 좋고, 내일에는 아름다운 행복이 찾아올 것 같아 고마울 따름이다. 유한적 시간을 고마워하는 마음으로 보낼 때다. 어쩌면 백발이 인생살이 최상의 원숙기인지도 모른다. 이제 서툰 몸짓으로 자식들을 키우는 일도, 치열한 입시, 취직, 승진에 고민도, 일터로 허겁지겁 달려갈 일도 없다. 또 더 갖기 위한 치열한 경쟁도, 퇴사를 걱정할 일도, 이념 논쟁의 터널도 다 지나왔다.

이제는 남의 눈치를 의식하지 않아도 될 나이다. 번민의 곳간들을 하나둘 비울 일만 남은 자유로운 영혼이다. 그렇다. 백발은 삶의 의미를 제대로 알고 사는 값진 나이가 아닌가!

인생은 육체로 산다기보다 정신력으로 살아가는 일이 더 많다.

작가 괴테는 82세에 『파우스트』란 대서사시를 완성했고 의사 슈바이처는 89세까지 수술을 했다. 화가 피카소는 92세, 샤갈은 98세 죽는 날 하루 앞까지 명화名畵 그리기에 혼신을 쏟았다. 경영학의 시조 피터 드러커는 92세에 경영학 저서를 남겼다.

열거한 분들은 다들 강인한 정신력으로 육체적 나이를 극복하고 인생행로를 걸어온 사람들이다. 나이는 숫자에 불과한 것. 마음은 다들 청춘! 마음 따라 죽음에 두려움마저 초월할 수 있는 인생 백발이 아닌가!

'행복의 조건'에 대해 연구한 하바드대학교 조지 베일런트 교수는 '잘 나이 든다는 것은 변화나 질병, 갈등 상황에 부딪히더라도 얼마든지 적극적으로 헤쳐 나갈 수 있다는 점이다. 마음먹기 따라 병은 고칠 수 있고, 노화는 늦출 수 있다. 성공적인 노년은 즐거움을 누릴 줄 아는 여유가 있는가, 없는가이다.'라고 했다.

봄 산에 쌓인 눈을 녹인 바람이 잠깐 불고 어디론지 간 곳 없다. / 잠시 그 봄바람을 빌려다가 머리 위에 불게하고 싶구나. / 귀 밑에 여러 해 묵은 백발을 다시 검은 머리가 되게 녹여 볼까 하노라.//

이 역시 우탁이 부른 「백발가」다. 지난날을 붙잡고 몸부림칠 일이 아니라 이제라도 오는 시간들을 소중히 맞고 후회 없이 즐겁게 보내는 지혜로 하루하루를 보내고 싶다는 작가의 정신이 함축된 노래다.

그 누구도 세월의 무게를 빗겨 갈 수는 없는 인생이다. 삶과 죽음의 경계선에 이르면 지난 삶들이 공수래공수거空手來空手去처럼 느껴지기도 한다. 그러나 그때는 다들 나름대로 혼신을 다하여 치열하게 사랑했던 소중한 삶의 시간이었다. 다시 이 세상에 방목되어 새로이 산다 한들 비슷한 정황적 환경이라면 별반 달라질 일도 없으리라.

또한 어느 시인의 말처럼 늙어 간다는 것은 자신의 주름살을 스스로 깊이 조각해 가는 일인지도 모른다. 가끔 자아를 돌아보면서 아름답게 내 인생을 깊이 성찰하는 것도 백발이 할 일이다. 다들 그냥 허투루 살아온 삶은 아니니다. 내 인생 아픔도 눈물도 번뇌도 또 쓴맛 짠맛 맛본 소중한 이력들이 아니던가!

'누구든 이웃에게 기여하는 걸 멈췄을 때 죽어가기 시작하는 것이다. 우아하고 만족스럽게 늙어가기 위해서 도움이 된다고 생각하는 일을 행하라.' 엘리노 루스벨트(미)의 말이다. 과거에 얽매이지 말고 오는 미래에 불안해하지 말고 오늘 하루하루 이웃과 자연에 무엇인가 기여하며 현재의 삶에 충실하면 보람된 삶이 아닌가!

저녁 놀빛이 참 아름답다. 저 지는 해에도 자연의 아름다운 노래가 있듯이 백발에도 인생 결미를 찬미할 노래가 있으리라. 이제껏 못다 한 사랑의 노래를 가족과 이웃과 함께 부르는 호사를 한껏 누려볼까 하노라. 백발가는 이렇게 노래하더이다.

제6부
사랑할 때는 누구나 아름다운 시를 쓴다

다시 천직을 찾아서
도전이 행복이었다
멋스러운 삶을 찾아서
그늘을 찾아서
안동에서 이런 자랑은 하지 마라
가시와 모가 없는 바람
인생 약삭빠른 셈법을 하지 마라
사랑할 때는 아름다운 시를 쓴다

다시 천직을 찾아서

옛날 한 임금이 두 신하에게 밥을 먹도록 권했다. 한 사람은 밥 한 톨도 남기지 않고 깨끗이 먹었고, 한 사람은 밥을 남겨 그것을 남에게 베풀었다.

임금은 깨끗이 먹은 신하에게는 농민의 땀을 생각하는 이로 농사를 지어 훌륭한 농민이 되게 했다. 그리고 남긴 자에게는 남에게 베푸는 마음으로 백성을 다스리라며 원님이 되도록 했다. 이는 사람이 적재적소에 필요한 존재로 태어났다는 뜻으로 전하는 이야기다.

'양몰이 아이는 막대기 하나로 수백 마리 양을 몰 수 있지만, 한 나라를 다스리는 임금도 그건 못한다. 공자도 만인의 존경을 받았지만 집안은 잘 다스리지를 못했다'고 열자는 말했다. '굼벵이도 꾸부리는 재주가 있다'는 말처럼 하늘은 세상에 사람을 내려 보낼 때, 꼭 한두 개의 재주를 주어 보낸다고 한다. 그런데 많은 사람들은 웬만해서는 그것을 잘 찾지 못한다. 까닭은 살아가면서 갖가지 재주를 부려 재미를 맛보면서 숨겨놓은 천직을 찾으라는 하늘의 뜻이기 때문이란다. 또한 하늘이 천직을 내릴 때는 반드시 사명감도 함께 준다고 한다.

한국이 낳은 세계적인 임목林木 육종학자인 고 현신규 박사

(1912~1986)는 과학계와 임학계의 명예전당에 동시에 오른 유일한 인물이다. 박사는 리키테다 소나무 육성 보급, 외국 포플러(미루나무) 330종 도입 개량 시험하여 목재 자원 보급에 공로로 크게 인정을 받았다.

그는 일본에 유학하여 철학을 공부했으나, 가세가 기울어 중도에 포기하고 돌아와 수원고등농림학교에 입학하였다. 처음에는 마음에 차지 않아 늘 갈등으로 허송세월했다. 어느 날 『어떻게 하면 나의 천직을 알 수 있을까?』란 책을 읽게 된다. ' 누구든지 자기의 사명이 무엇인가를 알고자 하고, 그를 찾아 사는 길은 지금 자기가 처해 있는 자리에서 최선을 다하는 일이다.'라는 글귀를 읽고 한평생 임업에 전념하는 계기로 삼았다고 한다.

그는 그 후 구주대학의 박사 과정을 마쳤다. 그리고 서울농대 교수, 임업시험장, 농업진흥청장, 육종학회장 등을 거치면서 이 땅의 붉은 산천을 보고 산림녹화사업에 매진했다. 세계는 우리나라를 '3대 조림 성공 국가'라 인정한다. 그 이면에는 투철한 사명감으로 피땀 흘린 현 박사가 있다. 미국의 주요 임업교과서에도 그의 업적과 리기다소나무 사진이 게재될 정도다.

그는 이태리포플러나무도 잡종 교배하여 가로수와 녹음수로 보급했고 현사시나무를 개발하기도 했다.

이처럼 누구에게나 하늘이 내린 천직은 있기 마련이다. 귀천을 떠나 그것에는 반드시 사명감도 함께 한다. 그렇다면 내게 내린 천직은 무엇일까? 지난날 내가 걸어온 발자취를 곰곰이 뒤돌아본다. 나는 교직생활 36년을 빼고는 천직을 논할 수 없다.

나는 지금 다시 제2의 천직을 찾는 중이다. 그 많은 재주 중에 하늘이 나에게 준 다음 천직은 과연 무엇일까? 불빛 따라 몰려다니는 불나방처럼 특별한 재주와 재미도 찾지 못하고 아무렇게나 여생을 보낼 수는 없는 일이다. 아니면 생명력 없는 로봇처럼 산다면 슬픈 일이 아닌가. 멀리 보아 찾지 못한다면 현 박사처럼 '지금 내가 하고 있는 일'에서 찾으면 되리라. 그처럼 위대한 공헌은 하지 못해도 내 깜냥대로 행하여 누군가에게 작은 위로라도 될 수 있다면 다행스러운 일이 아니겠는가.

나는 요즘 글을 읽고 쓸 때만은 비교적 즐거움을 느낀다. 이 일이 혹시 하늘이 꼭꼭 숨겨놓은 제2의 천직이라 생각하고 부지런히 시와 문화칼럼을 비롯한 수필을 쓴다. 이는 하늘이 내린 것이라 생각하곤 혼신을 다하는 중이다. 그런데 일생 동안 자신의 천직을 찾지 못하고 방황한다면 슬픈 일이 아닌가! 단순한 재주 부림이나 재미를 넘어 누구에겐가 즐거움과 위안을 주는 일이라면 그것은 금상첨화다.

나는 울창한 산림을 볼 때마다 고 현신규 박사의 천직이 이룩한 푸른 업적을 기린다. 박사는 일생 동안 얼마나 노심초사하며 이 땅에 임학과 과학을 위해 사명감을 다했는가!

나는 현 박사의 걸어온 길을 사표師表로 삼아 내가 지닌 제2의 천직에 충실할 것을 다짐한다. 그래서 내 글밭에 몇 그루의 나무라도 정성껏 심어 푸른 산천 가꾸기에 조금이나마 이바지하고 싶다.

도전이 행복이었다

모 일간지에 서울 K대학을 오십 중반에 졸업한 늦깎이가 러시아로 유학을 떠난다는 기사가 났다. 또 6·25동란으로 S대학을 휴학한 사람이 오십 중반에 새삼 복학을 했다는 만학도의 소식도 실렸다. 그런가 하면 일흔을 넘은 어느 할머니가 프랑스에 유학하여 미술공부를 마치고 6년 만에 돌아와 개인전을 연다고 한다. 올해 따라 유난스러운 혹서酷暑인데, 그분들이 늘그막에 비지땀을 흘리며 형설지공螢雪之功의 탑을 쌓는 까닭은 무엇일까?

내 아내 역시 늦깎이로 부산 S대학교 미술대학 공예학과에 입학하여 4년의 학업을 마쳤다. 공부를 하겠다고 노래를 하다가 자식들이 학업을 마치기가 무섭게 상아탑 문을 두드렸다. 처음은 건강이 염려되어 만류도 했지만 본인의 도전의지가 어찌나 강한지 오히려 돕기로 했다.

공예는 입학 전 평소 좋아해 익혀온 선행 학습과 아들과 딸이 적극 권하여 선택한 학과다.

3월 봄 하이힐 대신 운동화 끈을 불끈 맨 아내는 결의에 찬 모습으로 도전의 첫발을 내디뎠다. 그런데 만학도의 일상은 생각처럼 호락

호락하지는 않았다. 20세 전후 학생들과 똑같이 새삼 영어를 비롯한 교양과목에 컴퓨터 학습과 전공에 실기는 아내의 깜냥으로도 감당하기가 힘든 모습이었다. 그러나 운동화 열정은 늘 밤 자정이 가까워 파김치가 되어 귀가했다. 그리고 다시 책상에 앉아 리포트 등을 작성하기에 바빴다.

내가 "우리 집 학생은 공부를 열심히 해서 탈이다."라고 농이라도 붙이면 그저 웃기만 했다. 이처럼 즐거워할 때도 있었지만, 힘든 모습을 보일 때가 많았다. 각종 리포트나 시험 때마다 밤낮 책과 씨름하는 모습은 안쓰러운 마음이 들기도 했다. 나이 들어 아내, 어머니, 학생 등 1인3역은 아내의 깜냥으로도 꽤 벅차 보였다.

그러나 가끔 아내가 자신이 만든 공예작품들을 갖고 왔다. 기쁨에 찬 모습은 행복감으로 가득차기도 했다. 그리고 식탁의 그릇들과 집안 장식들이 새 도자기 예술작품들로 하나둘 채워졌다.

아내는 다시 20대 젊음으로 되돌아가 즐거운 하루하루를 생활하는 것 같았다. 그러나 '배우고 익히면 또한 기쁘지 않은가'라는 진리는 공자의 말씀이지, 범인들에게는 기쁨만 있는 일은 아니다. 그래서 공자도 배움은 '흐르는 강물을 거슬러 올라가는 배'라 하지 않았던가. 그 길은 누구나 편하게 걸어갈 수 있는 길만은 아니다.

그래도 아내는 지금도 자신이 행한 도전 중 가장 잘한 것 하나를 들라면 서슴없이 '늦깎이로 공부한 일'이라 한다. 그때 그렇게 도전했기에 참 행복한 시간이었다고 노래한다.

민족지도자 도산 안창호 선생은 24세에 초등학교 1학년에 입학했다. 공부는 너무 늦었다는 경우는 없다. 누군가 말한 '지금 잠을 자면 꿈을 꾸지만 공부하면 꿈을 이룬다.'는 글귀는 배움에 대한 촌철살인의 명구다.

기네스북에 최장수자로 등록된 프랑스의 잔 칼망 여사는 122년을 살다가 사망했다. 그녀는 85세 되던 해에 처음으로 펜싱에 도전했다고 한다. 많은 사람들이 그 나이에 펜싱을 배워서 무엇하는가 하고 비아냥거렸다. 그로부터 그 운동의 도움으로 37년을 건강하게 살았다. 그는 결코 죽음만 기다리는 어리석은 삶을 살지는 않았다.

인간이 가진 가장 큰 욕구가 자아실현이다.

자신이 하고 싶은 일이 있다면 주저 없이 도전해 볼 일이다. 나는 도전이 사람의 풍요로운 삶을 만들어주는 행복임을 아내로부터 절실히 배운 셈이다. 그 시간들만은 아내에게 육체는 비록 고달팠지만 정신은 너무나 행복했으며, 젊고 건강한 삶을 안겨주었다.

진정 부끄러운 삶은 유야무야 편하게 사는 삶이다. 변화를 두려워하는 마음을 깨고 자아실현을 위해 과감하게 도전하는 일이야말로 진정 값진 삶이리라. 요즘은 장수시대다. 100세를 산다면 60세를 제하고도 다시 40년 한 세대를 넘게 더 살아가는 시대다.

나이 들었다 하여 아무 도전도 없이 무료하게 시간을 보낸다면 이는 너무나 슬픈 삶이다. 누구나 내일 도전할 일이 남아있다면 살만한 가치가 있는 행복한 삶이다. 나는 오늘 새로운 작품을 만지작거린다. 내일도 새 작품을 위해 즐겁게 도전하고 싶다.

멋스러운 삶을 찾아서

우리 선인들은 '멋'이라는 단어를 좋아했다.

그래서 우리말에는 이 말과 조어된 말들이 많다. 멋있다, 멋스럽다, 멋내다, 멋들다, 멋들어지다, 멋부리다 등이다. 그만큼 우리는 이 멋이란 말을 예로부터 즐겨 사용해 왔다.

조병화 시인은 '멋은 누구에게나 있어야 한다. 특히 예술에 있어선 멋이야말로 삶에 생기이며 초점이며 생명이 아닌가.'라고 했다.

어찌 예술뿐이랴, 멋은 삶에 꼭 필요한 아름다운 마음이다. 이 아름다움을 추구하고 싶은 마음은 누구나 간절하기 마련이다.

인생을 너무 교과서적으로 살면 답답하다. 나는 교과서 밖에 여러 책들을 다양하게 폭넓게 읽는 이를 좋아한다. 그렇다고 하여 허접한 책들까지 읽자는 것은 아니다. 그곳에는 추한 삶이 있을 뿐이다.

어떤 일을 해도 멋스럽게 하는 자와 멋없이 하는 이가 있다. 나는 삶도 멋있게 사는 이와 멋없이 사는 이가 있다고 생각한다. '저 사람은 일생을 멋스럽게 살다 가셨다.' 이런 말을 듣고 떠난다면 참 아름다운 삶을 산 사람이라 하리라.

멋은 아무것도 없는 무소유에도, 부유한 소유에도 가난에도 슬픔에도 즐거움에도 두루 존재한다. 인간 삶 어디에도 멋은 잔존한다.

나는 길을 걷다가 가끔 '지구를 살립시다.'하고 외치는 젊은이들을 만난다. 20대 젊은 나이에 벌써 저 생각까지 하다니 그들이 참 멋스러워 보였다. 젊은이들의 생각이 이 지구를 아름답게 만들기 위한 지구 사랑운동을 전개하니 놀랍다. 또 아프리카 어린이를 돕자는 학생들을 만난다. 나는 그때마다 그들의 생각에도 놀란다. 그 외에도 각종 세계화운동을 전개하는 젊은이들을 만난다. 나는 저 나이에 내 삶에만 겁겁했는데, 벌써 저 생각을 하고 산다니, 오늘따라 그들의 세상이 넓고 높아 멋스러워 보인다.

조간신문을 펼치자 올해도 10월이라 어김없이 노벨상 수상자 발표가 한창이다. 나는 올해는 어느 멋있는 양반이 노벨상을 받을까 하고 호기심 어린 눈빛으로 지면을 살폈다. 그리고 노벨을 생각했다. 노벨은 어떤 사람일까? 그는 다들 한 푼이라도 자식들에게 유산으로 넘기고자 아등바등할 때, 그는 죽으면서도 인류의 미래를 생각했다. 나는 노벨의 멋스러운 삶에 감동 받아 그를 제대로 알고 싶은 호기심이 발동했다.

알프레드 베르나르드 노벨은 스웨덴 스톡홀름에서 태어나 어린 시절 가난한 성냥팔이 소년이었다. 그는 몸이 매우 허약한 편이었다. 그런데도 노벨은 성장하며 다이너마이트 발명품을 만들기 위해 혼신을 바쳤다. 결국 그는 다이너마이트 회사를 설립하여 엄청난 부를 형성하게 되었다.

그의 명성 뒷면에 숨은 면면을 살펴보면 시련의 연속이었다. 폭발성 액체 니트로글리세린을 만들다가 공장이 폭발하여 사랑하는 막내동생 에밀을 비롯하여 직원 다섯 명의 목숨을 잃기도 했다. 그래서 미치광이 과학자란 낙인이 찍히기도 여러 번이었다. 그럼에도 불구하고 노벨은 피나는 노력으로 고통과 좌절과 아픔을 딛고 결국 1867년 다이너마이트를 발명했다. 그는 그 일을 완성하기 위해 평생 독신으로 치열하게 살아온 사람이기도 하다.

노벨은 가난했던 어린 시절을 잊지 않고 평생 검소한 생활로 일관했다. 그는 자신의 재산에 귀한 생명을 불어넣었다. 노벨은 자신이 모은 전 재산으로 인류를 위해 노벨상을 수여하라는 유언을 남긴 채 세상을 떠났다. 그의 유언이 진정 멋스러워 존경심이 더한 지도 모를 일이다.

매년 10월이 되면 그의 뜻을 받들어 수상자를 뽑아 발표한다. 그리고 노벨이 세상을 떠난 12월 10일에 인류를 위해 공헌한 멋스러운 사람들에게 노벨상을 수여한다. 문학, 화학, 물리학, 의학, 평화상 등 5개 분야와 1969년부터 경제학상을 추가하였다. 매년 수상자에겐 800만 크로나(약 13억원)의 상금과 금메달과 상장이 주어진다.

세상에 돈을 많이 가진 사람이 노벨뿐이랴. 내가 유독 그를 멋스럽게 산 사람으로 추앙하고 싶은 까닭은 따로 있다. 그는 온 인류를 위해 아낌없이 전 재산을 투자한 정신이 멋스럽다는 점이다. 이런 선행은 아무나 쉽게 할 수 있는 일이 결코 아니다.

현대인은 멋을 잃고 살아가는 이가 많다는 비판의 소리가 높다. 나 역시 마찬가지다. 특히 부의 덫에 깔려 멋은커녕 추하게 부의 노예로 사는 이들이 많다. 현대인들은 부모의 멋, 자식의 멋, 사회인의 멋 등 인생의 멋들을 팽개친 삶이라 비판을 받기 일쑤다. 어디서 환청이 들려오는 듯하다.

'산다고 다 사는 게 아니다. 멋스럽게 사는 게 사는 길이다.' 내 이기적 삶에 에워싸인 구차한 삶이 아니라 남을 위해 멋스럽게 살아가는 사람들이 이외로 많다. 지구와 인류와 사회의 미래를 생각하는 마음! 약자, 아픈 자, 가난한 자, 배고픈 자를 생각하는 마음! 더 나은 인류의 삶을 새롭게 창조하겠다며 분투하는 사람! 나는 그들의 차원 높은 멋스러운 삶을 생각하면서 부끄러움을 느낀다.

세계 최초 애플 컴퓨터를 세상에 내놓으면서 세계적 갑부가 된 미국 잡스가 암으로 죽음을 앞두고 이렇게 말한 글을 읽었다. 그는 '삶을 유지할 만큼 적당히 재산을 모은 후에는 부와 무관한 일을 추구해야 하는데, 일찍이 나는 이를 깨닫지 못했다'고 후회스러운 마음을 털어놓고 56세에 세상을 떠났다.

그는 '돈을 버는 일보다는 더 중요한 뭔가가 되어야 한다. 그건 인간관계가 될 수 있고, 예술일 수도 있으며 어린 시절부터 가졌던 꿈일 수도 있다.'고 했다. 그는 멋스럽게 살지 못함을 후회했다.

나의 삶에 노벨의 멋스러운 삶 전부는 아니라도 마음자락 한부분이라도 멋이 자리할 여백은 없을까? 창밖에 내리는 함박눈의 멋스러운 몸짓이 참 아름다워 보인다.

그늘을 찾아서

농어촌 마을 어귀에 들어서면 으레 수백 년 된 정자나무 한두 그루가 마중 나온 듯 우뚝 서 있다.

오랜 세월 마을의 이력이라도 일러주듯 그늘을 드리우고 선 의젓한 나무! 그곳은 여름이면 마을 사람들이 옹기종기 모여 이런저런 얘기들을 주고받는 쉼터가 된다. 아무 댁의 딸이 언제 시집을 가며, 어느 집 누구의 아들이 이번에 어느 회사에 취직이 되었고, 어느 댁의 소는 송아지를 낳고, 어느 집 복실이는 강아지를 몇 마리나 낳았다는 등 갖가지 이야기가 오가는 곳이다. 그리고 저마다 갖고 온 음식들을 주고받는다.

마을 사람들은 왜 정자나무 아래 옹기종기 모일까? 그곳은 한여름 땡볕을 피해 안식하기 좋은 시원한 그늘이 있기 때문이다. 저 아프리카 칼라하리 사막이나 북극의 빙판엔 사람들이 모여 들지 않는다. 그곳은 쉴 만한 시원한 그늘이 없기 때문이다.

우리 속담에 '산이 커야 그늘이 크다'란 말이 전한다. 나무가 커야 그늘이 넓다. 사람 역시 그늘이 넓은 이에겐 사람들이 많이들 모여들기 마련이다. 그리고 '그늘이 두꺼워야 시원하다'는 속담처럼 그늘이 두터운 사람 곁에는 많은 사람들이 모여 정담을 나눈다. 땡볕이거나 얼음같이 싸늘하면 사람들이 모여들지 않는다.

현관 벨이 울린다. 아들, 딸의 식구들이 찾아왔다. 손자 손녀들이 할아버지, 할머니 하며 품에 안긴다. 그들은 할아버지 할머니의 그늘을 찾아온 셈이다. 나는 그들에게 어떤 시원한 그늘을 베풀면 좋을까?

정자나무도 하루아침에 그늘을 만들지는 못한다. 그도 무수한 세월 따라 비바람에 인내하고 견디면서 조금씩 그늘을 넓혀 왔기에 그를 찾아 사람들이 하나둘 모여든다.

아들, 딸 식구들을 보내고 나는 곰곰이 생각에 잠겼다. 그늘은 곧 사람의 정이나 덕과 흡사하다. 내가 그들에게 베푼 인정이 얼마나 되는가? 또한 사람들은 정과 덕을 찾아 모이고 의지하며 살아간다. 사람은 그늘을 떠나서는 살아가기 힘들다. 부모의 그늘에서 자라 형제자매, 이웃과 사회의 그늘 자락에서 성장하고 살아가기 마련이다.

춘추시대 제나라 군주 환공이 경의 벼슬을 하는 관중에게 물었다. "이 나라에서 누가 가장 재상으로 적합하오?" 대답을 망설이자 "아들을 삶아 임금의 병 치료에 쓴 인물인 역아란 사람은 어떻소?" 관중은 고개를 저었다.

"아들을 죽여 임금을 모시는 건 인간이 행할 올바른 인정이 아닙니다."

"그럼 부친상을 당해서도 집에 돌아가지 않고 짐을 보좌했다고 하는 그는 어떻소?" "부모를 등지고 임금을 모시는 건 올바른 인정이 아니니 곁에 둘 인물이 못 됩니다." "그럼 임금을 가까이 하겠다고 스스로 거세하여 환관이 된 수조는 어떻소?" "임금을 가까이 하겠다고 거세를 하는 건 바른 인정이 아닙니다. 멀리 하십시오."라고 했다.

결국 인간의 도리에 어긋나는 행위는 바른 충성심으로 믿을 수 없다는 충고를 했다. 그 후 관중이 죽자 군주 환공은 결국 관중의 말을 잊고 그들에게 벼슬자리를 주었다. 이들 세 사람에게 전권을 주었지만 결국 셋은 환공을 굶겨 죽였다는 고사가 전한다.

사람의 그늘은 인정이다. 그것은 곧 인간의 도리이며 지녀야 할 덕목이다. 나는 어떤 그늘 밑에서 살아 왔는가. 나는 따뜻한 부모형제들의 그늘에서 자랐고, 친구와 이웃과 사회의 그늘에서 성장했다. 그런데 누구나 죽을 때는 자신이 평생 짜온 그늘의 이불을 덮고 떠난다고 한다. 나는 무슨 그늘을 드리우고 살아왔는가!

현대는 인정이 메말라 그늘이 없는 삭막한 세상이라 혹평한다. 나는 가끔 시골 마을을 찾을 때, 어귀에 우뚝 서있는 정자나무를 바라본다. 그때마다 내 마음은 지난날 나에게 그늘이 되어준 사람들을 생각하고 고마워 한다.

나도 이젠 누군가를 위해 그늘을 드리운 한 그루의 정자나무가 되고 싶다.

안동에서 이런 자랑은 하지 마라

문학회 회원 일행이 관광버스를 타고 안동 도산서원을 찾아가는 길이다.

K시인이 마이크를 잡고 이런저런 안동의 어제와 오늘을 소개한다. 그는 안동 출신이라며 생뚱맞은 말 한 마디를 던진다. "안동에서 이런 자랑은 하지 않는 게 좋습니다."하고 당부 아닌 당부를 한다.

즉 "우리 할아버지가 유학자, 선비란 말을 쉽게 말하면 봉변을 당하기 쉽습니다." 까닭은 반드시 몇 가지를 묻는다고 한다. 먼저 그분이 유학자라면 저술이 무엇 무엇이냐고 물을 것이다. 내세울 특별한 저술도 없이 유학자, 선비라고 자랑하면 난처한 입장에 처하기 십상이니 쉬이 말하지 말라 한다.

안동 사람들이 그 말을 하는 사연인즉, 남의 글줄 얼마간 읽은 이들은 선비 편에 넣을 수 없다는 논리다. 즉 나름대로 학문적 깊이를 가늠해 본다는 설명이기도 하다. 어찌어찌 공부하다 운이 좋아 과거에 급제할 수도 있고, 벼슬이야 조선시대 돈 몇 푼으로도 얼마든지 살 수도 있었던 사회 아닌가. 또 벼슬한 이가 탐관오리에 빠져 지탄 받은 이가 한둘이 아니라는 부제를 단다.

다음은 괜스레 똬리를 틀고 앉아 양반의 후손 행세를 하지 말라고 한다. 왜냐하면 양반이야 자신의 능력과 아무 관계없이 부모 잘 만나 얻은 계급이고, 조선 후기에는 돈으로도 사고 팔 수 있었던 일이란다. 나중에는 전 국민이 양반화가 되었으니, 양반이라고 다 선비는 아니라는 주장이다.

그는 참된 선비는 글줄을 읽음은 물론이고, 부단한 노력으로 학문을 연마하여 창의적 생각들을 저술에 담아 후세 이바지한 사람이어야 진정한 선비라고 주를 단다.

안동인은 왜 그렇게 생각했을까? 과거 안동인의 지적 수준을 은근히 암시함과 함께 선비는 모름지기 새로운 학문적 식견을 쉼 없이 연마하고 발전시켜야 한다는 얘기일 수도 있으리라. 그래서 지금도 안동에는 그 맥을 이어 학자가 유달리 많이 배출된다고 소개한다.

또 행한 덕행을 묻는다고 한다. 학문이 아무리 높고 넓다고 해도 덕행이 동반하지 않은 학문은 아무 소용이 없다는 얘기다. 혹시 권력을 앞세워 양민들을 괴롭히고, 탐관오리로 지탄 받은 자로 벼슬자리에 연연하지 않았느냐는 물음이다. 그는 선비는 학식은 물론이거니와 덕행도 바르게 닦은 사람이어야 한다고 힘주어 부언한다.

이 말은 퇴계 선생을 비롯한 안동 유학자들의 학문과 덕행을 중히 여기는 자존감을 은연 중에 자랑하는 일면인지 모른다. 또 선불리 조상의 그림자에 매달려 선비, 양반 후손이라며 괜스레 자랑하지 말고, 자신의 언행을 살펴 겸손하게 살라는 뜻도 내포되었다고 귀띔해 준다.

K시인은 이런저런 안동의 지역특성을 계속 이야기한다. 나는 눈을

지그시 감고 곰곰이 생각했다. 옛 선비의 올바른 정신을 고수하며 살고자하는 지역 하나쯤은 있을 만도 하리라. 눈을 뜨자 창밖의 안동 거리는 조용하고 깨끗했다. 도산서원이 점차 가까워졌다. 과거 학문 정진에 매진했던 조선 선비들의 영상이 아물거린다. 전국 각지에 유학자들이 봇짐을 메고 도산서원을 찾아 오갔던 길이다. 내가 지난날을 더듬는 동안 차는 도산서원 외곽 아스팔트길을 미끄러지듯 달렸다.

가시와 모가 없는 바람

하얀 구름이 바람 따라 모였다가 흩어지기를 거듭하며 남쪽으로 흘러가고 있다. 지난날 그때도 늦가을이었을 게다.

부산에서 살 때 직장 동료들이 모인 친목회 자리였다. 한 부부가 여담으로 들려준 콩트(掌篇) 같은 이야기가 문득 생각난다. 어언 세월이 많이도 흘렀다. 오랫동안 잠재해 있던 옛일을 생각하면 새삼 입가에 웃음이 절로 인다.

얘기인즉, 아침 출근길에 아내가 오늘은 조부님 기제일이니 일찍 오라고 신신 당부했다. 남편은 알았다면서 오늘 당신 수고가 많겠다며 위로의 말까지 잊지 않고 출근했다.

아내는 정성들여 기제사 음식을 마련해두고 남편을 기다렸다. 남편은 밤 12시가 막 넘어 곤드레만드레가 되어 직장 동료의 부축을 받으며 대문을 박차고 들어왔다.

"아침에 그렇게 당부를 드렸는데 이게 무슨 일이냐?"며 아내가 성화를 냈다. 그제야 정신이 든 남편은 동료를 보내고, 겨우 몸을 가눠어 제사를 지내기 시작했다. 초헌, 재헌을 하고 종헌에 엎드린 남편이 일어나지를 아니했다. 순간 드르릉 드르릉 코고는 소리가 나는 게 아닌가. 화들짝 놀란 아내가 남편을 흔들어 깨웠다. "아! 내 차례인가, 낙동-강 강바람-이……"

글쎄 대중가요 노랫가락 한 곡조를 흥얼거리다가 콕 꼬부라지는 게 아닌가. 남편은 아직도 주점인 줄 착각하고 있었던 모양이다. 아내는 자식들 앞에 민망스러웠다. 이 무슨 해괴한 일인가. 급히 안방에 남편을 뉘어놓고 자식들과 함께 기제사를 마무리 지었다고 한다.

동료의 얘기가 끝나자 우리는 박장대소했다. 그러자 너도나도 술을 벗하다가 일어난 일들을 줄줄이 털어놓았다. 술로 생긴 이야기가 시리즈로 엮어지기 시작했다. 특히 부인들은 남편 술주정 폭로전에 신바람이 났다.

신발짝 한 짝만 신고 택시비도 없이 와 벨을 울리는 사람, 술이 너무 취해 그만 아파트를 한 층 더 올라가 초인 벨을 눌러 남의 안주인을 포옹하며 까-꿍했다가 사람들로부터 '까꿍 부부'란 별호에 한때 곤욕을 치렀다는 사람. 술만 취하면 그간 몰래 모은 비상금까지 자진해서 다 헌납한다는 사람 등 갖가지 사연에 웃음꽃이 피었다. 그래서 그 후 '낙동강 강바람' '까꿍' '비상금' 등의 별호로 불러지기도 했다.

오늘은 술로 인한 별난 인연의 바람 한 자락이 오랜 그리움과 함께 나를 찾아왔다. 우리 속담에 '길에 돌도 연분이 있어야 찬다.'는 말이 있다. 그분들도 지금 우리 부부와의 연분을 기억하고 있을까? 요즘도 약주는 자주 하는지, 또 노랫가락들을 즐겨 부르고 있는지 궁금하다.

그새 나는 흰 머리카락만큼이나 세월을 보냈다.

그런데 지나간 짓궂은 술 바람이 새삼 그리운 것은 시인 H. 미쇼(프)의 말처럼 '솔밭에서 불어오는 바람 소리가 우리에게 쾌감을 맛보게 하는 것은 그 바람이 가시가 없고 모가 나지 않았기 때문이다.'라고 했다. 그렇다 가시와 모가 없는 이야기들, 조금은 회한이 되고 못났지만 그래도 웃음에 사람 냄새가 그리운 추억들이다.

돌아보면, 나는 한때 술로 인한 실수를 많이도 행했다. 그래도 당시는 술로 인한 실수에 대해서는 좀 관대한 편이었다. 지금 생각하면 어리석게 과했다는 생각을 한다. 그런데 그때 그분들이 오래 기억되고 그리워지는 까닭은 술잔 속에 간직하고 싶은 가시와 모가 없는 인간적 정이 있었기 때문인지도 모른다.

하늘에 구름이 아직도 흩어졌다 모였다가를 거듭하며 남쪽으로 흘러가고 있다. 그간 다들 어디서 어떤 바람 속에 살아가고 있을까?

나는 롱펠로우(미) 시인의 시를 읊어본다

나는 어느 날 활을 쐈다 / 그 화살은 멀리 허공으로 날아갔다 / 나는 어느 날 노래를 불렀다 / 그 노래는 하늘 저쪽으로 사라졌다 / 그러나 먼 훗날 나는 내가 쏜 화살이 큰 나무에 힘차게 박혀 있는 것을 보았고 / 내가 부른 노래가 옛 친구의 가슴 속에 정답게 남아 있는 것을 발견했다.//

오늘 따라 모와 가시가 없는 한강의 강바람이 자꾸 그리움으로 밟힌다.

인생 약삭빠른 셈법을 하지 마라

요즘 현대인은 성현들의 지혜를 존중하는 마음에 인색하다는 게 중론이다. 까닭은 옛 성현들은 정신적 철학을 존중했지만, 현대인은 재력이나 권력을 더 중히 여기는 현실 때문이라 한다. 그런데 살아볼수록 가끔 가슴 한쪽 성현들의 정신적 세계가 그리워지는 것은 무슨 까닭일까?

성현들의 글귀를 읽거나 삶의 흔적을 보면 흥미롭고 감동적이다. 특히 인류에 회자되는 언행을 돌아보면 존경스러운 마음이 절로 우러난다.

나는 그분들의 삶에서 몇 가지 공통분모를 찾았다. 그 중 하나가 다들 약삭빠른 셈법을 하지 않고 뚜벅뚜벅 자신의 외길을 걸어왔다는 사실이다. 이는 내가 읽고 들은 위대한 사람들로부터 찾은 삶의 공통된 분모다.

나는 오늘 슈바이처의 일대기를 읽었다.

그는 독일과 프랑스의 국경지역에서 목사의 맏아들로 태어나 철학과 신학을 공부했다. 또 의사며 음악가고 종교 사상가며 작가 등 다양한 분야에서 활동을 했다.

그는 약관 20세에 그리스어와 라틴어, 히브리어, 독일어, 프랑스어 등에 능통했다. 그리고 27세에 교수가 되었다. 이 이력들이 그가 얼마나 열심히 산 사람인가를 미루어 짐작케 한다. 그는 의사가 된 후 아프리카로 찾아가 낮에는 흑인 환자들을 수술하고 밤에는 책을 쓰는 데 대부분의 시간을 보냈다. 슈바이처는 이처럼 열정적이고 강인한 사람이었다.

슈바이처는 타 지역에서 겪는 여러 가지 시련과 고통들이 오히려 도전의 활력이 되었다고 술회했다. 또한 목사로 매우 독실한 기독교 신자지만 자기와 다른 신앙인에게서 많은 점을 본받았다고 말하는 큰 사람이다. 시간이 허락되는 대로 주변 사람들과 대화의 문을 활짝 열어놓고 경청했다. 그리고 책을 읽고 쓰고, 오르간을 만들고, 심지어 유럽에서 수많은 독주회까지 가졌다. 그 수입금으로 가난한 아프리카인을 도왔다.

그의 인류를 사랑하는 인도주의 정신과 생명에 대한 외경심은 많은 사람들의 가슴에 감동을 주었다. 그리고 50여 년 동안 아프리카 콩고에서 묵묵히 병원을 경영해 나갔다. 그는 80세까지 하루 평균 서너 시간 잠을 자고 16시간씩이나 일했다고 술회했다. 또 그는 언제나 힘든 막노동도 마다하지 않는 억척스러운 노동자였다.

1953년 11월 78세 '인류의 형제애를 위한 노력'으로 '노벨평화상' 수상자가 되었다. 그는 상금으로 콩고에 나병환자들을 위한 나병원을 건립해 기증했다. 그리고 1965년 9월 4일 84세로 세상을 떠났다.

그가 평소 닭한테 모이를 주기 위해 메고 다녔던 조그만 쌀자루와 낡고 쭈그러진 모자가 그의 전 재산으로 시신 옆에 놓여졌다. 슈바이처는 생명력이 넘쳐흐르는 인류 사랑의 철학을 아프리카 땅에 심어놓고 떠났다. 그는 오직 인류에 봉사와 헌신하는 외길을 꿋꿋이 걸어온 사람이다.

그에 반하여 보통 사람들은 아주 약삭빠르게 실리를 추구하며 살아간다. 나의 삶을 돌아본다. 처음부터 고통스러운 일은 피하고, 힘든 일은 적당히 외면했다. 나는 참 약게 살아왔다. 그리고 나는 집념도 열정도 뜨겁지 않았다. 또 일의 추진력마저 발휘하지 않고 대체로 편안함을 찾아 살아왔다.

아무튼 추앙 받는 슈바이처와 받지 못하는 사람들의 생각과 행동이 다른 DNA를 각각 갖고 살아간 것은 분명해 보인다. 추앙받는 사람들은 험난한 길을 마다하지 않고 그 길을 찾아 걷기를 좋아하고, 추앙받지 못하는 부류의 사람들은 평탄한 길만 찾다가 조금만 힘들어도 불평불만과 핑계만을 널어놓다가 도중하차한다.

나는 고난과 좌절을 딛고 인류에게 참된 봉사정신을 일깨워온 슈바이처의 삶에 깊은 감명을 받았다. 그리고 바보스럽고 어리석을 정도로 외길을 꾸준히 걸어온 그의 인생행로에 경의와 찬사를 보내지 않을 수 없다. 많은 시련을 스스로 찾아다니며 고초를 겪고, 조금도 고통스럽게 생각하거나 굴하지 않고 인류를 위해 꿋꿋이 걸어온 슈바이처! 그는 인류를 위해 꺼지지 않는 등불 하나를 인류 앞에 켜놓고 떠났다.

세기의 과학자 아인슈타인은 슈바이처 박사를 보고 '우리의 슬픈 시대에 한 사람의 아름다운 위인이 살고 있다'고 찬사를 아끼지 않았다. 그에 대한 온 인류의 추앙은 당연한 보상報償이다.

그는 남다른 도량으로 일생을 살아온 분이다. 걸핏하면 하루에도 수십 번 제 삶에 이해타산의 셈법을 하며 약게 살아가는 사람들에게 전하는 그의 메시지는 단 하나였다. '인생을 지나치게 약삭빠른 셈법으로 살지 마라.'

사랑할 때는 아름다운 시를 쓴다

"당신은 왜 시를 쓰느냐?"라고 물으면 당연히 나의 첫 대답은 시를 좋아하기 때문이라고 답한다.

그런데 나는 시를 좋아하는 병이 남달리 깊은 편이다. 그래서 즐거울 때도 쓰지만, 괴롭거나 외로우며 슬플 때도 읽고 쓴다. 그 바탕에는 시를 사랑하는 마음이 웅숭깊기 때문이다.

오래 전 법정스님에게 '길상사'를 시주한 진향이란 이름의 기생 고 김영한(1912~1999)은 시인 백석을 무척 사랑했다. 그는 "일생을 바쳐 이룩한 천억 원이 넘는 전 재산(요정 대연각)을 어찌 쉽게 사회에 내어놓을 수 있었느냐(1995년)"라고 기자가 묻자 "내가 사랑하는 백석 시인의 시 한 줄만도 못한 것이 무엇이 아깝습니까?"하고 답했다. 그는 일생을 바쳐 이룩한 자신의 천억 재산도 백석 시인의 시 한 줄만도 못하다고 했다. 그만큼 백석의 시 정신에 아리도록 취해 사랑했다는 말이다.

내가 시를 읽고 쓰는 궁극적 이유도 시 정신에 취해서다. 그리고 시의 세계를 사랑하고 동경하기 때문이다. 그렇지 않고서야 즐겁고 흥겨운 유혹들을 뿌리치고 밤낮 시를 부둥켜 않은 채 읽고 쓸 수 없는 일이다. 모든 예술이 그렇지만 시는 시인의 무한한 애정의 산물이다.

시인은 어떤 시상을 접했을 때, 남다른 감수성으로 감동을 받아 사물의 외·내부를 꿰뚫어 봐 정서적 정감에 깊이 매료되었을 때 시를 쓴다.

시인 김수영은 '시인은 봄날에 눈부시게 피어난 꽃잎을 보며 경탄하는 사람이 아니라, 그 꽃잎에서 혹한의 눈보라가 지나갔음을 생각할 줄 아는 사람이다.'라고 했다. 그로 인하여 시인은 영감과 정서적 감흥이 남달랐을 때 시를 쓰기 마련이다. 그러나 어떤 영감이 떠오른다고 다 시가 되는 일은 물론 아니다. 시를 쓰려다가 헛글에 멈추는 경우도 흔하다. 그래도 시인은 끝없이 시상을 추슬러 시로 엮어 퇴고를 거듭하는 작업을 계속한다. 그러다가 마지막 완성된 시를 보듬고 만족하는가 하면, 끝내 미완성으로 괴로워하다가 안타깝게도 버리기 일쑤다.

지난날 내가 시를 쓰기 위해 보낸 오랜 시간의 각질들을 벗겨본다. 어쩌다 마음에 쏙 드는 시가 탄생했을 때는 무엇을 간절히 갖고 싶었던 어린애가 그것을 갖게 된 마음이라고나 할까. 아니면, 간절히 그리워하던 연인을 만나 즐거워하는 상황과 흡사하다. 시어들을 씹으면 씹을수록, 시행을 읊조리면 읊조릴수록 즐거움을 느끼는 시흥詩興! 이는 시를 지극히 사랑하는 이만이 맛보는 기쁨이리라.

시인은 밤을 지새워 쓴 자신의 시에 매료되어 즐겁게 흥얼거리며 읊조리기 일쑤다. 그때는 오랜 시작詩作의 노동 대가를 위로 받는 순간이다.

나는 가끔 지난날 내가 쓴 시를 새삼 읊조리며 감흥을 즐기는 여유를 갖기도 한다. 모든 예술이 마찬가지일 게다. 작가가 맛보는 예술미는 금전적 보상, 권력, 명예에 견줄 바가 아니다. 마음에 드는 시작품을 곱씹으면서 맛보는 즐거움은 무엇에 비교할 바가 못 된다. 이는 작가만이 느끼는 최상의 희열이리라.

그렇다고 처음부터 시의 맛을 보는 일은 물론 아니다. 마음에 들지 않는 수많은 시작 속에 갈등과 고통들이 거듭되기 마련이다. 그런 힘들고 험난한 극한 골짜기와 능선을 넘어섰을 때, 가끔은 마음에 흡족한 예술적 감흥을 맞보기도 한다. 많은 시인들이 미친 듯이 시에 몰입하는 이유도 다른 곳에서 맛볼 수 없는 시만이 주는 짜릿한 시흥을 즐길 수 있기 때문이리라.

현대는 산업화로 인간의 정서적인 감흥이 날로 메말라 간다고들 한다. 그래서 시인들도 등달아 정서가 많이 말라가는 편이다. 현대시를 읽다보면 과거와 같은 시흥이 나지 않는 시가 많다고 독자들은 혹평한다. 그래서 현대시들을 읽으면 시적 정서가 메말랐다고 불평을 쏟아낸다. 그래도 나는 자연과 사람과 시를 사랑하는 시인의 마음 속은 남다르다고 대변하기도 한다.

시인은 기쁨, 환희, 눈물, 슬픔, 아픔, 분노도 아울러 사랑한다. 그로 사랑이 많은 자 누구나 시인이리라! 그래서 플라톤은 '사람은 사랑할 땐 누구나 시인이 된다.'라고 했다.

어쩌면 사람은 태어날 때부터 시인인지 모른다. 까닭은 시적 정서적 감성을 본능적으로 갖고 있기 때문이다. 그런데 현대인은 사랑에 메마른 사람들이 많아졌다. 그래서 나는 현대인은 사랑을 갈망하면서도 사랑을 제대로 하지 못하는 외로운 시인들이라 생각한다. 나는 시를 쓰면서 홀로 외는 말이 있다.

'세상을 사랑하자. 이 세상은 참으로 사랑스럽고 아름다운 시 밭이 아닌가. 모두를 사랑하는 가슴으로 자연과 사람들을 품어보자. 그대는 가슴 넓은 시인이 아닌가!'

다들 제 삶에 취해 산다. 시인은 시에 취해 산다. 바이런은 "시인이 되려면 사랑에 취해야 한다."고 했다. 시인은 죽은 것도, 죽어가는 것도, 약한 것도, 작은 것도 모두 사랑한다. 그래서 나는 세상을 사랑하는 만인의 연인인 시인이 되고 싶다.

제 7 부
절대로 굴복하지 마라

알파고와 함께 살 미래

세상의 변화 속도는 점진적으로 빨라져왔다.

그런데 앞으로의 변화 속도는 우리의 상상을 훨씬 뛰어넘어 엄청나게 빨라질 것으로 예측한다.

2016년 이세돌과 인공지능(AI) 알파고가 세기의 바둑대결을 개최했다.

사람들은 AI가 인간지능의 종합적인 판단력의 산물인 바둑을 뛰어넘을 수 없을 것으로 생각했다. 그러나 결과는 AI가 인간의 능력을 압도하는 경지에 이르렀다고 야단법석이다.

알파고는 1,920개의 중앙처리장치(GPU)를 탑재하고 있어, 사실은 컴퓨터 2,000여 대를 동시에 활용한 셈이란다. 많은 사람들은 앞으로 세월이 흐를수록 더 알파고의 세상이 될 것으로 내다본다.

영국 런던에 본사를 둔 구글회사는 세계 지식인들을 한데 모아 그를 활용한 새로운 세계를 열어가는 데 총력을 기울여 왔다. 직원 총 250명 중 박사 학위 이상 소지자만 150명이라 한다. 그들을 통해 인공지능을 개발하여 4차 산업혁명의 기폭제로 사용하려 한다. 앞으로 모든 직종에 AI를 도입하면 다방면에서 인간의 능력을 월등히 앞설 수 있음을 확신하는 모양이다.

벌써 일부 투자회사들이 인공지능을 이용해서 경영한 결과 엄청난 수익을 올렸다는 보도다. 일반 펀드매니저들이 연간 -3%의 손실을 낼 때 인공지능을 이용한 헤지펀드는 오히려 +5%의 수익을 거뒀다고 한다. 앞으로 인공지능을 이용한 연구는 인간의 직관과 추론까지 가능하게 하여 사람을 압도할 것으로 내다보는 형편이다.

이미 선진국들은 인공지능에 대하여 자신들의 목표에 따라 심혈을 기울여 왔다. 우리 지식인들은 우리도 하루속히 이에 부흥하지 못하면 선진국이 되기는 어려울 것으로 예측한다.

사람들은 엄청난 변화의 길을 모색 중이다. 그런 까닭에 이 변화에 제대로 적응하지 못하면 개인의 퇴보는 물론 나라도 후진국이 된다고 한다. 이에 우리가 살아갈 사회는 어떤 사회로 변모되어 가는가를 관심 두지 않을 수 없다. 인공지능의 판단력이 인간보다 앞선다는 믿음이 생기기 시작했다. 그래서 사회는 다분야에서 인공지능으로 빠르게 대체될 것으로 내다본다.

인공지능이 산업의 여러 방면에 접목될수록 우리의 일자리가 변화 축소되는 것은 분명하다. 그런 현상이 이미 여러 곳에서 징후가 나타나기 시작했다. 그래서 앞으로는 인간과 AI가 일자리를 놓고 다툴 세상이 멀지 않아 온다고들 한다. 이를 두려워하면서도 대책이 없다면 개인과 사회는 심각해질 수도 있으리라.

예를 들어 인공지능이 의사보다 더 정확한 진단을 한다고 믿는다.

2011년 등장한 왓슨은 5년 만에 뛰어난 실력을 발휘했다. 미국 종

양학회에 따르면 MD앤더슨암센터 등 5개 유명 병원은 왓슨을 바탕으로 암 진단을 실시한 결과 정확도가 인간 암전문의를 훨씬 앞섰다고 한다.

일본은 이미 데이터 업체인 UBIC는 각종 법적 분쟁에 인공지능을 사용해 왔다. 수백 수천 대의 인공지능이 모든 자료를 조사한 뒤 증거로 만들어 제출한다. 변호사는 가만히 앉아서 이 자료를 바탕으로 업무를 추진할 뿐 사무 도우미가 필요없다고 한다.

또 약사도 미국 UC 샌프란시스코 등 5개 대학병원에서 인공지능 시스템으로 35만 건의 약 처방을 조제하면서도 단 한 건의 실수가 없었다고 한다.

또한 IBM이 왓슨을 이용해 셰프(요리사) 왓슨으로 사람들 입맛에 맞는 수많은 레시피를 만들어 냈다. 과학자들이 인공지능이 창의성이나 감정 등의 필요한 영역에는 진출하지 못할 것으로 봤다. 그러나 일본과 미국 등지에서 이미 왓슨의 레시피로 조리해 놓고 시판 중이다.

데미스 허사비스 구글 딥마인드 공동창업자 겸 대표는 한국과학기술(KAIST)초청 강연회에서 이렇게 말했다. '정보가 많은 유전자 분석이나 엔터테인먼트, 기후, 질병, 에너지, 거시경제까지 어려운 문제들에 인공지능이 쓰일 것이다.'라고 내다봤다. 또한 AI가 시를 짓고 소설을 쓰는 시대가 멀지 않았다고 한다.

이에 허사비 대표는 '사람과 같은 수준의 지능을 가지는 데는 앞으로 수십 년은 더 걸릴 것으로 내다봤다. 그런데 불과 수십 년이라 했다. 일면 멀지 않았음을 암시하는 말이다. 엄청난 변화가 우리를 기다리고 있다. 이에 우리는 앞을 내다보고 대비하여 새로운 삶의 길을 모색해야 한다.

지금의 젊은이들이 멀지 않아 구시대 사람으로 대접을 받는 때가 곧바로 도래될까 두렵다. 그래서 우리 젊은이들의 전공과 직업 선택에도 심각한 고뇌가 요청된다. 미래 사회는 지금의 지식으로 세상을 살아가기는 벅찬 세상이 될 것은 자명하다.

내가 그간 엄청난 땀을 흘려 닦은 지식들이 AI로 인하여 아무 쓸모없는 것이 된다면 얼마나 황망한 일인가. 어떻게 할 것인가? 앞으로 급속히 변화될 사회에 우리는 어떻게 대처해야 할 것인가? 그것은 먼 미래의 세상이라 말할 일은 결코 아닌 듯싶다.

나는 최소한 디지털문화에 낙제생이 되지 않기 위해 관심을 갖고 쉼 없이 학습하고 싶다.

진화론

일전에 한국의 연세대와 미국의 스탠퍼드대학교가 자매결연을 위해 총장들이 자기 대학을 소개하는 프레젠테이션을 가졌다.

그 자리에서 연세대 총장은 "우리대학교는 1885년 개교한 유서 깊은 대학으로 한국에서 수능고사 상위 1%의 최우수 학생들이 입학하는 학교입니다. 그간 역대 장관 ○○명, 국회의원 ○○명이 배출되었습니다. 또 지난해 사법고시 ○○명, 행정고시 ○○명, 외무고시 ○○명, 회계사 ○○명, 변리사 ○○명 합격 등 뛰어난 인재들을 해마다 배출하고 있습니다."라고 자랑스럽게 소개했다.

이에 스탠퍼드대 총장은 "그간 우리 스탠퍼드대학교 졸업생들이 창업한 세계적 기업이 1930년 이후 지금까지 4만 개입니다. 우리대학 졸업생들이 창출한 일자리만 540만 명이고, 연 매출액이 2조 7000억 달러입니다(한국 연 매출 1조 달러)." 이어 프레젠테이션 화면에는 구글, 야후, 테슬라 전기차, HP(휴렛 팩커드), 나이키, 시스코시스템스, 갭(GAP), 썬마이크로시스템… 등등 끝을 모르고 계속했다. 또한 "이 로고나 브랜드들은 우리 스탠퍼드대학교 출신들이 만든 자랑스러운 기업들입니다."하고 끝을 맺었다고 한다.

나는 두 대학의 총장 이야기를 듣고 많은 것을 생각했다. 양 대학이 인재 육성을 위해 지금 어디에 초점을 두고 열정을 쏟아 교육하는가를 분명하게 알 수 있는 대목이다. 이로 인하여 미래 몇 십 년 후에 두 대학은 어떤 교육적 결과를 낳을 것인가도 대강 짐작할 수 있을 것 같았다.

내가 알아본 바로는 미국의 스탠퍼드대학교는 1891년 개교 이후 그간 노벨상 수상자만 20여 명에 가깝고, 후버 대통령을 비롯한 유명한 정치인, 장관, 학자들이 즐비하지만, 한 사람도 그들을 자랑스러운 졸업생으로 등장시키지 않았다. 무슨 까닭일까?

물론 대학이 다양한 분야에서 학문연구에 몰두함이 기본임을 스탠퍼드대학교 총장인들 모를 리 없다. 그렇다고 다른 분야에 소홀히 한다는 뜻은 물론 아닐 것이다. 총장이 이렇게 소개하는 데는 대학이 국가와 국민의 현재와 미래를 도외시할 수 없다는 사실에 깊이 고뇌했으리라 추측된다.

우리나라는 오랜 유교적 전통으로 개인의 입신양명을 큰 자랑으로 여겨 왔다. 이것이 좋고 나쁨을 떠나서 지금의 산업화시대에 대학들이 달라져야 함은 분명하다. 그런데도 우리나라 대학신문들은 연말연초가 되면 사법, 행정, 외무, 회계사, 변리사 고시 등에 몇 명 합격이란 축하 글로 장식하는 대학들이 많다.

물론 국가를 경영해 가는 데는 각 분야에 뛰어난 인재들이 필요하다. 그러나 이 시대에 나라가 진정 원하는 인물들은 세계무대에 당당히 나아가 국가 경쟁력을 이끌어갈 세계적인 인재들이다.

대학은 그 나라의 미래를 짊어지고 갈 인물들을 길러내는 곳이다. 그래서 국력을 위해서는 어떤 인재들을 길러내어야 바람직한가를 깊이 고민해야 한다. 이 시대는 많은 변화를 요구하는데, 우리 대학들은 아직도 굼뜬 과거의 생각에 머물러 있는 모양새는 아닌지 돌아볼 일이다.

나는 가끔 다윈의 진화론을 생각한다.

그간 시대는 계속 진화되어 다각도로 변화되어 왔다. 세월이 흐르면 환경이 바뀌고 따라서 모든 것은 날로 새롭게 진화를 거듭하기 마련이다. 생물체는 다른 종의 개체들과 계속해서 경쟁한다. 그래서 변화하는 환경에 가장 잘 적응하는 강한 종만이 잘 살 수 있다는 것이 다윈이 주장하는 진화론이다.

진화에는 아픔이 따른다. 그런 진화가 몇몇 동식물에만 국한하랴. 개인과 사회와 국가도 시대와 환경에 따라 진화를 계속 거듭해야 한다. 그래서 선진국일수록 산업혁명, 전기혁명, 디지털혁명 등 발 빠른 진화를 계속하는데, 후진국은 과거에 연연하거나 현실에 발목 잡혀 더디게 진화하다가 몰락의 늪에 빠지기 일쑤다.

현재 세계적 추세는 국가경제가 곧 국력인 시대다. 이 길은 앞으로 오랜 세월 나아갈 추세다. 그래서 국가 경제발전에 더 신경을 쓰는 스탠퍼드대학교의 교육적 자세가 이 시대에 더 실용적이고 합리적 사고로 진화한 것은 아닌지?

한밤중에 산 정상에 올라가 '하느님 살려주세요.'하고 비명을 지르기에 놀라 경찰 70여 명이 동원되어 수색했더니, 어느 여대 졸업생이 취직을 못해 울부짖은 아우성이었다는 기사다.

우리 청년들은 지금 일자리와 전쟁 중이다. 앞으로 이 전쟁은 날로 치열해질 추세다. 요즘 안정된 취업 자리에는 수십 대 일의 경쟁률이 예사다. 우리는 대학을 졸업하고도 수년 동안 직장 구하는 일에 매달려 발버둥치는 이 젊은이들을 외면할 수는 없다. 취업은 그들에게는 생명선과 다름없다.

그들은 지금 좌절을 넘어 분노한다. 젊은이들에게 희망을 주지 못하면 나라의 미래가 어둡기 마련이다. 이 문제의 해결방안은 국가는 물론 대학들이 많은 일자리를 창출할 세계적 인물들을 양성 배출하는 방향으로 진화를 서둘러야 한다. 그런데 많은 젊은이들이 안정된 직업 운운하며 공무원 시험에 매달린다고 한다. 이런 현상이 오래 계속되면 나라 미래가 어둡기 마련이다. 젊은이들은 더 어려운 일을 찾아 세계에 도전해야 한다. 그래야 나라의 미래가 밝다.

우리나라도 4차 산업시대를 맞아 각종 자동화는 가속화되어 양질의 직장들이 하나둘 사라져 가는 현실이다. 더군다나 우리 청년들이 일자리를 잃고 백수로 방황을 일삼는 이가 더 늘어나는 형편이다. 그들에게 '꿈을 가져라, 빨리 결혼하라, 아이들을 많이 낳도록 하라, 또는 국가와 사회를 위해서 노력하라'는 말이 타당한가? 젊은이들이 희망을 잃은 나라는 미래가 없다.

우리의 빠른 자각으로 시급히 해결해야 할 문제다. 그리하여 우리 젊은이들의 가슴에 희망찬 삶을 설계할 수 있도록 우리 대학들의 발빠른 진화를 나는 간절히 희망한다.

말 한 마디에 천 냥 공덕을 쌓는다

남아프리카 만델라는 27년의 옥살이 끝에 석방된 후 첫 연설에서 이렇게 말했다.

"난 말을 결코 가볍게 하지 않는다. 27년의 옥살이가 내게 준 것이 있다면 그것은 고독의 침묵을 통해 말이 얼마나 귀중하며 얼마나 사람에게 영향을 끼치는지 알게 됐다."라고 했다. 이처럼 말은 우리 삶에 귀중한 것이기에 신중하게 다루어야 한다.

그런데 우리가 사용하는 언어들을 완전한 것으로 착각하고 함부로 하는 경향이 흔하다. 인간이 사용하는 말을 면밀히 살펴보면 허점투성이다. 이로 인하여 많은 오해로 여러 문제점이 발생하기 일쑤다.

영국의 올더스 헉슬리는 「천재와 여신」에서 "우리의 언어가 얼마나 말이 안 될 만큼 조잡한 건가! 만약에 우리가 제반 심리적인 연관을 덮어둔다면 주어진 사실에 대해서 허위다. 그 말은 조잡하고 야유적인 것처럼 들린다."라고 했다. 또 인도의 오쇼 라즈니시는 「마음으로 가는 길」에서 "언어는 오직 그렇다 또는 아니다 만을 용납하기 때문에 무슨 말을 하더라도 오류다."라고 했다. 이에 우리가 사용하는 말과 글들은 이처럼 많은 오류를 범하기 일쑤다. 언어는 여러 가지 정황적 상황을 생략하면 할수록 더 모호성을 갖는다. 또 언어는 함축적인 것이 많아 애매모호하고 불완전한 것이 사실이다. 또한 같은 말을 해도 누가 어느 곳에서 어떻게 말하고, 듣고, 받아들이느냐에 따라 이해를 달리 하기도 한다.

조선 시대 유학자들은 『효경』에 나오는 '신체발부身體髮膚는 수지부모受之父母'란 말을 신봉했다. 이는 몸은 부모로부터 물려받은 것이라 귀하게 여기라는 포괄적 의미를 담고 있다. 이 자구字句를 놓고 일부 조선 유학자들이 지나치게 자의적으로 해석해 평생토록 목숨을 걸고 머리털 하나 자르지 않은 이가 많았다. 그러나 지금은 어떠한가?

또한 조선 말 고종 때 명성왕후가 아기를 낳았는데 항문이 없었다. 황후는 발을 동동 굴리며 양의洋醫를 시켜 칼로 항문을 내도록 했다. 그때 시아버지인 대원군은 절대로 그럴 수 없다고 주장했다. 까닭은 "왕손은 하늘이 내린 귀한 존재라 육신에 절대로 칼을 대어서는 아니 된다"는 말 때문이다. 그렇게 왈가왈부하는 사이에 끝내 아이는 죽고 말았다.

'왕손은 절대로 몸에 칼을 댈 수 없다.' 현대 의학적 논리로 보면 무지한 말이다. 그러나 왕권시대에는 이 말도 일면 명분을 갖고 통했다. 아무튼 이 사건으로 시아버지와 며느리는 지울 수 없는 원한 관계가 깊이 형성되었다고 전한다.

백두산 돌은 칼 갈아 다 없어지고 / 두만강 물은 말을 먹여 마르리라 / 사나이 스무 살에 나라 평안하게 하지 못하면 / 후세에 그 누가 대장

부라 부르리오.//

이는 조선 세조 때 남이 장군이 쓴 「대장부」란 한시漢詩를 번역한 것이다. 그는 장수로서의 우국충정을 노래했건만 유자광은 이 남아이십미평국男兒二十未平國을 남아이십미득국男兒二十未得國으로 평平을 득得으로 고쳐 반역의 의도가 숨어 있다고 내몰아 그를 죽게 했다.

이처럼 역사 속에는 말꼬리를 잡아 사람을 죽이고 살린 일이 많았다. 말로 인하여 죽은 이를 무덤에서 불러내고, 산 자를 묻을 수도 있다.

'말 그것으로 인하여 소인을 거인으로 만들고, 거인을 철저하게 두들겨 없앨 수도 있다.' H. 하이네(프)의 말이다. 이처럼 말의 해석이 때로는 사람의 생사를 갈라놓기도 거인을 소인으로 만들기도 한다.

그러므로 우리가 주고받는 일상의 말을 잘 사용하면 의사소통은 물론 갈등을 해소시키고 화합과 사랑을 돈독히 한다. 그러나 잘못하면 생사를 갈라놓기도 또 평생토록 오해와 갈등을 낳아 소원하게 한다. 우리는 이런 언어의 속성을 헤아려 신중하게 말을 하고, 또한 폭 넓게 이해하려는 노력이 필요하다.

그리고 우리가 쓰는 언어에는 많은 정황적 상황이 항상 생략될 수밖에 없다. 일일이 다 쓰고 장황하게 말할 수는 없다. 그래서 불완전한 말을 보완하게 하는 길은 인간적 신뢰성을 갖춘 인품의 보완에 있다. 말은 인간적 신뢰성이 항상 우선된다. 그래서 '말 한 마디에 천 냥 공덕을 쌓는다'는 말이 있다. 인간적 신뢰를 주지 못하는 사람의 말은 아무리 참말을 해도 참으로 받아들이지 않는다.

말에도 맛과 향기가 있다. 그래서 참 향기롭게 말하는 사람이 있는가 하면, 말마다 악취를 뿜는 이도 있다. 내가 한 말이 어떤 이의 가슴에 정으로 남을 수도 있고, 때로는 깊은 상처로 남을 수도 있다는 말을 나는 자주 곱씹는다.

성난 파도가 민족 지도자를 찾는다

중국의 정치 지도자 주은래는 생전에 이런 유언을 남겼다.

"내가 죽은 후 시신은 화장하여 공중에 살포하도록 하라." 그의 아내 여성 정치인 동영초 역시 "내가 살던 집은 국가 소유니, 주은래와 동영초가 살던 집이라고 특별 취급한다거나 기념관으로 만드는 일이 절대로 없어야 하며, 내 주변의 어떤 사람에게도 혹 원칙과 규율을 넘는 배려를 해선 안 된다."고 유언을 남겼다.

또 오늘의 중국 경제발전의 주역인 지도자 등소평의 유언을 살펴보면 "관례처럼 해오던 유체 고별의식을 하지 말라. 자택에 분향소를 설치하지 말고 각막은 기증할 것이며 육신은 의학 발전을 위해 해부한 뒤 화장해 뼛가루는 바다에 뿌려다오."라는 말을 남겼다.

마지막 죽음에 임에서까지 나라와 민족에 누를 끼치지 않겠다는 지도자의 냉철한 태도는 13억 중국인에게 큰 감동을 주었다. 오늘의 중국이 우연이 아니라는 생각을 하게 되는 대목이다.

지금의 중국 주석 시진평은 "등소평 사상의 기치를 높이 들고 우리는 전진해야 한다. 그러나 그들이 위대하다고 해서 신처럼 숭배하거나 사람들의 잘못을 바로잡지 못하도록 할 수는 없다."고 했다. 그들의 공과功過를 동시에 봐야 미래를 향한 나라 발전이 찾아온다는 말이다.

이에 반하여, 북한은 김일성이 죽자 금수산기념궁전에 시신을 보관, 성역화하기 위해 재건축비가 8억 9천만 달러에다가 해마다 쏟아붓는 시신 관리비로 연간 227만 달러를 지출한다고 한다. 또 김정일이 사망하자 다시 시체를 보존하기 위해 막대한 돈을 해마다 쏟아붓고 있다는 외신보도다. 주검을 놓고 너무나 대조적이다. 인민들이 굶주린다며 국제사회에 구원의 손길을 요청한 일을 우리는 잘 안다. 그런데 시신 보존비로 식량을 구입하면 해마다 북한 주민들 몇 개월을 해결할 수 있다는데 아무리 생각해도 이해하기 어려운 일이다.

또한, 우리나라 몇 정치 지도자 역시 박물관 꾸미기에 바쁘고, 심지어 조상의 묘소까지 이장하는데 신경을 쓰는 이가 있다는 기사다. 진정 나라와 국민을 위한 지도자인지 아니면 자신의 명예와 권력과 가문과 출세를 위한 일인지 그 속내를 알고 싶다.

진정한 민족 지도자는 국가와 국민을 위해 막중한 책무를 완수해야 할 위치에 있다. 그들이 소시민이 아닌 민족지도자라면 나라와 민족을 위해 무엇을 해야 할까를 생각하는 마음이 뼛속까지 깊어야 마땅하리라. 국민의 속마음을 제대로 읽지 못하고 자신의 잇속을 챙기려는 아둔한 자라면 그에게 지도자의 자격 여부를 엄히 묻지 않을 수 없다.

나는 오늘 영화 『명량』을 감상했다. 단시간에 천오백만 관객을 돌파하고 대통령을 비롯한 우리 정치인들이 앞 다투어 보았다는 영화다.

삼도수군통제사 원균이 왜군에 패전하여 거북선과 수군을 대부분

잃고 단지 12척의 판옥선만 남았다. 이때 이순신은 왕명에 의하여 백의종군으로 다시 전투에 참여한다. 백성은 굶주린 채 피난살이에 급급했고, 살아남은 수군은 두려움에 전의를 상실했다. 왕도 수군을 포기하고 육군을 도우라는 명을 내릴 정도였고, 심지어 부하 몇 장수들까지도 전투는 하나마나라며 포기할 것을 권하며 도망가는 자가 나오는 형편이었다. 참으로 고립무원의 처지가 아니던가.

이때 장군은 남도 곳곳을 다니며 흩어진 수군들을 다시 모았다. 우리 수군이라야 어부, 농부, 종들이 대부분이었지만 이들을 무장시켜 무적함대의 용감한 애국병사로 재탄생시키기 위해 고군분투했다. 또 흩어진 민심을 수습하는 일에 전력했다. 그리고 부하들에게 "죽기를 각오하면 살고, 살려고 하면 죽는다."하며 다 함께 죽을 각오로 적과 싸워 나라를 구하자고 외쳤다.

울돌목, 즉 명량해전에서 판옥선 12척의 배와 120명의 아군 병사가 수백 척의 적선과 3만 명의 왜군과 싸워 이겼다. 그러나 장군도 명량해전 5일전 『난중일기』에서 "흐리고 비가 올 것 같다. 홀로 배 위에 앉으니, 그리운 생각에 눈물이 흘렀다. 세상에 나 같은 사람이 또 어디 있겠는가."라며 그도 한 인간으로서 외로움과 슬픔을 감추지 않았다.

장군은 언제나 전투에서 맨 앞장서서 겁먹은 우리 병사들에게 자신과 함께 싸울 것을 독려했다. 23전 23승이라는 세계 해전사상 유래가 없는 전승을 남긴 이순신! 그러고도 그 공을 언제나 부하와 백성에게 돌렸던 장군!

진정한 민족 지도자는 과연 어떤 태도이어야 하겠는가? 누구를 생각하고 무엇을 가슴에 품고 어떻게 행동해야 하는가를 잘 말해주는 대목이 아닌가. 무덤을 웅장하게 하고, 동상을 세우고, 기념관을 크게 세운다고 하여 업적이 생겨 빛날 일인가. 진정한 지도자는 때로는 자신을 초개처럼 버리고 나라와 국민을 섬기는 헌신적 봉사로 사심 없는 지도력을 발휘했을 때, 수백 년이 지나도 후손들은 진심으로 추앙하기 마련이다.

나는 『명량』을 보면서 사백여 년 전 이순신 장군의 나라와 민족을 섬기는 헌신적 위국충절을 되새김질했다. 그리고 진정한 민족지도자상을 다시 한 번 마음에 기렸다. 지금 저 울돌목의 성난 파도는 철썩철썩 위대한 민족의 지도자를 애타게 찾고 있다.

곧은 나무로만 금수강산을 가꾸랴

산에 나무들을 살펴보면 한 나무도 같은 나무가 없다.

동종의 나무도 자세히 보면 생김새에서 크기가 조금씩은 각각 다르다. 인간 역시 70억 중에 같은 이는 한 사람도 없다. 이는 곧 삼라만상이 다른 모습으로 제각각 살아간다는 얘기가 된다.

로버트 프랭크(미) 교수가 쓴 『승자 독식사회』란 책을 보면 '이긴 자는 엄청난 혜택을 독식한다. 대부분의 사람들이 승자를 위해 치르는 대가는 너무 크다.' 1%의 승자는 99%의 부를 독차지한다. 지금 세계는 어쩌면 이런 승자 독식사회라 해도 지나친 말은 아닌 듯하다.

과거 우리는 2분법 사회로 양반은 늘 양반이었고, 평민과 천민은 늘 같은 신분이었다. 이처럼 대대로 세습되는 사회를 타파하고자 우리는 그간 부단히 노력해 왔다. 그런데 요즘 재벌 자식은 대대로 재벌이고, 사돈 팔촌까지 은근히 재벌 그늘에서 행세하는 모습을 보면 세상은 별반 달라지지 않고, 고정된 계급의 테두리에 갇혀 사는 모양새다.

현대 사회는 재화가 지배하는 사회라 해도 과언이 아니다. 그런데 우리 사회는 재화의 분배가 너무 불평등하다. 승자가 지나치게 독식하고 있다. 세상은 꼭 능력이 뛰어난 사람만 사는 곳이 아니다. 또 두뇌가 뛰어난 사람만으로 살 수도 없다. 산은 독식하지 않는다. 산은 곧은 나무로만 산이 되지 않듯, 산천 곳곳엔 굽은 나무들이 즐비하다.

사람 역시 평범한 머리의 소유자가 더 많다. 그들이 사회 적재적소에서 성실히 일하므로 건강한 사회를 만들어 간다. 승자가 지나치게 독식하면 그 사회는 결국 모두에게 독이 될 수밖에 없다. 까닭은 1%가 행복하고 99%가 행복하지 않는 사회는 오래 지탱할 수 없기 때문이다.

링컨은 이렇게 말한 적이 있다. "들에는 다양한 잡초들이 우거지고, 세상에는 보통의 평범한 사람이 더 많다. 하느님은 잡초와 민중을 좋아하는 모양이다. 그러기에 그렇게 많이 펼쳐놓은 것을 보면"이라고 했다. 이와 같은 현상일진데 어찌 절대 다수의 민중을 외면하고 몇몇에 지나친 특권이 주어지는 세상을 만들어 가는지 모를 일이다.

동국대 조은 전 교수는 1986년부터 2011년까지 유니세프의 지원을 받아 '불량주거지역 연구' 프로젝트를 맡았다. 88올림픽을 앞두고 정부에서 행한 일로 서울 양동 등 중심지에서 사당동 산등성으로 이사한 4천여 명 중 22가구를 표본으로 선정해 집중 연구를 꾸준히 해왔다.

연구 결과는 '우리 사회 빈곤 구조는 25년 간 너무 굳어져서 이제 계층 이동이 어려워졌다. 벌써 3대를 거치는 동안 당시 할아버지 할머니는 가난 속에 살다 돌아가셨고, 30대였던 아들은 노인이 되어 빈곤 속에 살고 있으며, 손자 손녀의 삶 역시 절대 빈곤 속에 살고 있다. 남성은 결혼을 못하다가 다문화란 또 다른 빈곤을 추가하고 있다.'라고 발표했다.

그들은 그동안 붕어빵, 길바닥 옷장수, 중국집 배달원, 술집 웨이터, 일용직 근로자 등 주로 저임금 직업이 대부분이었다. 상황은 오히려 악화되어 이제는 아무리 노력해도 가난을 대물림할 수밖에 없이 전락되었다는 연구 결과를 내놓았다. 지금까지 우리 사회가 외쳐온 평등 구호가 얼마나 헛구호인지를 보여주는 한 대목이다.

과거에는 초등학교와 중·고등학교를 졸업하고도 공무원이 되고, 좋은 회사에 취직할 수도 있었다. 그런데 지금은 고학력자들이 몰려들어 이들이 설 곳을 찾기가 어렵다. 또한 일부 회사에서는 직원의 자녀들에게 가산점까지 주어 직장까지 세습화한다는 기사다.

우리는 결국 가난의 계층을 고착화 해버리는 우리 사회를 만들어가고 있는지 모른다. 그들이 정말 무능한 사람으로 태어났을까? 그들은 가난해야만 하는 운명으로 태어났는가? 그들에게 열심히 노력하면 잘 살 수 있는 희망의 문을 열어줄 방법은 정녕 없는 것일까?

한 번 빈곤층으로 전락하면 절대로 벗어나지 못하는 사회 구조라면 이는 문제다. 이런 가난은 개인의 능력이나 노력의 문제라기보다는 근원적으로 사회적 제도의 문제점으로 봐야 한다. 과거 양반 자식은 양반이고 천민 자식은 천민이라는 조선의 계급 사회와 무엇이 다르다 할 수 있겠는가.

어느 나라든지 가난한 사람들은 있기 마련이다. 다만 그 가난이 대대로 고착화된다는 데 큰 문제가 된다. 가난한 부모 밑에 태어났다는 이유만으로 평생 빈곤 속에 대대로 살아야만 한다는 것은 있을 수 없는 일이 아닌가.

우선 온전한 직업이 최우선적 복지다. 이들에게도 좋은 직장을 가질 기회의 폭을 넓혀 주어야 한다. 그러기 위해서는 질 좋은 교육의 기회를 넓혀주고 대기업, 회사원, 공무원이 되는 자리를 배려할 수 없는 것일까?

그들이 고통 받고 있는 현실을 뻔히 알면서 남들과 똑같이 경쟁하라는 말만 나열하는 것이 과연 최선일까?

우리는 GDP 3만 불 시대에 근접하여 경제 규모 세계 10위권 안팎이라 운운한다. 또 조선시대 2분법의 계급사회가 싫어 그렇게도 비판들을 했다.

어느덧 과거로 다시 회귀하여 못난 우리 사회로 고착화시켜 가고 있는지 모를 일이다. 우리는 굽은 나무 곧은 나무가 함께 어울려 잘 살아가는 아름다운 금수강산으로 가꿔갈 수는 정녕 없는 일인가.

누가 당신에게 술을 권하든가

작년 한 해 우리나라 국세청에서 거두어들인 주세酒稅만 3조원이라 한다. 그 기사에 다들 놀란다. 우리 사회가 어쩌면 술독에 빠져 사는지 모른다. 왜 이렇게 우리 국민은 술을 많이 마시며 살고 있을까?

현진건의 소설 중 『술 권하는 사회』란 단편 소설(1921)이 생각난다.

작가는 남편이 매일 술을 마시는 까닭은 마시고 싶어서가 아니라, 마시지 않고는 살 수 없는 일본 제국주의 시대상황 때문이라 한다.

주인공은 동경 유학을 하고 돌아온 지식인으로 일제치하에 나라 잃은 백성으로서 경제적 무능, 사회 부적응 인물로 등장한다. 자신은 나라 빼앗긴 울분에 참을 수 없이 괴로워 주정꾼 노릇을 한다고 했다.

그들 부부는 결혼 칠팔 년 동안 지독한 가난으로 고통스러운 삶을 산다. 아내는 사회를 요릿집쯤으로 아는 무지로, 남편이 호강에 겨운 사람이라 오해한다. 하루하루 생계도 어려운데 사회니 시대니 하면서 마음이 고달파 술을 마신다는 말이 역겹게 들린다. 그러나 주인공은 모든 책임이 '술 권하는 사회'에 있다고 늘 술에 취해 넋두리를 편다.

아내는 남편에게 술을 권하는 사람들을 탓한다. 남편은 쓸쓸하게 웃으며, 현 제국주의 사회가 나의 머리를 마비시켜 술을 마시게 한다고 주창한다.

그러나 아내는 남편의 말을 이해하지 못한다. 남편은 아내의 무지에 답답하다며 그의 만류에도 불구하고 집을 나간다. 아내는 절망적 어조로 "그 몹쓸 사회가 왜 술을 권할꼬!" 중얼거리는 말로 작품은 끝을 맺는다.

그런데 지금은 해방된 지도 70년의 세월이 흘렀다. 지금 한 해 주세만 3조원이다. 이 중에는 아직도 우리 사회가 술을 권하기에 자신은 술을 가까이 하는 사람이 될 수밖에 없다는 논리를 펴는 사람이 많다.

사회는 말한다. 지금 이 사회의 주인은 누가 뭐라 해도 현 시대에 살고 있는 사람들이다. 엄격히 말하면 현재 살고 있는 세상은 소위 이 땅에 살고 있는 이들이 만들어 놓은 세상이다. 그런데 시도 때도 없이 모든 일을 세상 탓, 사회 탓으로만 돌린다면 문제다. 물론 사회의 문제와 책임도 있으리라. 그렇다고 문제는 해결되지 않는다. 그렇게 될 동안 당신은 어디서 무엇을 했는가? 당신은 얼마만큼 이 사회를 고쳐나가려고 고군분투했는가? 혹시 그간 방관자나 이방인이 되어 술타령으로 멀뚱거리며 남 탓하기 바쁘지는 않았는지. 아니면 남들이 사회 제반 난제들을 하나둘 해결해주기만을 편히 기다리고 있지는 않았는지 묻는다.

고 김수환 추기경은 생전에 '내 탓이요'란 운동을 전개했다. 이 사회는 우리의 책임이다. 잘못이 있다면 내 탓으로 돌리고 과감히 현실에 뛰어들어 고쳐나가야 한다. 잘못된 현실 문제를 남 탓으로만 돌려서는 해결할 수가 없다. 세상을 밝고 건강하게 만드는 일에 모두가 동참하자는 게 추기경의 외침이었다.

가난과 시련, 고통을 탓하고 부정부패한 사회를 탓하며 비민주적인 일들을 비판하는 사람들의 사정을 모르는 바는 아니다. 그렇다고 언제까지 탓만 한다고 문제는 해결되지 않는다. 진정 술을 권하는 사회라면 용감하게 그런 사회를 고치는 데 앞장설 필요가 있으리라.

당연히 바로 잡는 사회운동을 선도 개혁하는 게 정도다. 실컷 누릴 것 다 누리고 나서 잘못된 것은 남 탓, 나라 탓으로 돌리며 술타령이라면 이는 지나친 이기적 행위인지 모른다.

어디서 들려오는 환청이 있다. 너도 나도 함께 이 나라, 이 사회의 주인이다. 주인이 온 힘을 모아 앞장서 고쳐야 한다. 그만한 용기도 투쟁의지도 없이 분통만 터뜨리며 술만 벗한 사람이라면 주정뱅이밖에 되지 않는다.

그간 우리는 산업화로 혹은 민주화로 여기까지 왔다. 그런데 그 과정에서 독버섯 같은 어두운 그림자들이 우리 사회를 병들게 했다. 혹자는 우리 사회는 독이 가득한 사회라 술을 들지 않을 수 없다고 한다. 그래서 조세가 3조원이 되도록 술을 드는 세상으로까지 변했다고 한다.

당신은 그간 어디서 무엇을 했는가? 그리고 그간 정의로운 우리 사회를 만들기 위해 어디서 무슨 노력을 얼마만큼 했는가? 나는 오늘 따라 이 질문을 던져놓고 깊은 신음을 한다.

나는 시가 좋아 시 밭을 일궈왔다

시가 좋아 즐겨 읽고 쓴 세월도 어느덧 웅숭깊어 간다.

나는 학창시절 시 읽기를 좋아했던 편이다. 그래서 꽤 많은 시들을 읽었다. 그 후 교직에 발을 디딘 후에도 학생들한테 시를 가르치는 시간은 유달리 즐거웠다. 가끔 몇 곳에 나의 창작시를 발표하면서 시를 즐겼다. 그런데 본격적으로 시를 창작하는 일은 생의 후반부다.

나는 지금도 시를 쓰고 혼자 자분자분 낭송하며 시흥을 맛볼 때가 무척 즐겁다. 그러나 때로는 자작시가 시답지 않아 마음 속에 간직하고 밤낮 괴로워할 때가 한두 번이 아니다. 밤을 지새워 쓴 시를 새벽에 혼자 웅얼거리다가 버리기 일쑤였다. 그래도 나는 포기하지 않고 '시지푸스의 바위' 마냥 끝없이 시의 산으로 오르내리는 고행을 거듭해왔다. 때로는 하루에도 몇 권의 시집을 읽고, 시론과 평론집을 닥치는 대로 읽기도 했다. 그리고 무수히 시를 썼다. 그런데 좋은 시를 쓸 것이란 나의 믿음이 현실로 바뀌기는 녹록하지 않았다. 그 후 문예지에 추천을 받아 문단의 말석이나마 자리했다.

그리고 처녀 시집인 『내 가슴에 버팀목 하나』를 출간했다.

첫 시집은 62편의 시를 수록했다. 나의 일상생활에서 얻은 감성들을 정제하여 옮겨놓은 서정시집이다. 그 시들은 겉은 자연을 노래했어도 그 속에는 필히 사람이 함께 자리했다.

시집 출간 후에 시간을 갖고 시를 더 숙성시키지 않고 서둘러 출간한 아쉬움도 남았다. 아무튼 다음엔 더 성숙된 좋은 시를 탄생시키리라 다짐했다.

그렇게 하는 시 작업이 나와 시를 위해서 당연한 일이기도 했다. 그러나 그 일은 결코 쉽지 않았다.

다음 제2시집 『아름다운 세상』에 67편의 시를 수록했다. 조금은 성숙된 변화를 모색하려고 부단히 애쓴 시집이다. 사람 향기 나는 세상, 보다 긍정적 밝은 시각에서 사람과 자연이 교감하는 미적 세계를 추구하려고 했다. 그러나 시세계의 변신은 그리 간단하지 않았다. 그래도 포기하지 않고 변신하려고 줄기차게 몸부림쳤다.

예술은 어디까지나 미를 추구하는 작가의 부단한 마음갈이로 자신의 노력과 애정의 산물이다. 내가 보고 느낀 삶에서 숱한 시의 서정적 미를 찾아보자는 몸부림이기도 했다. 그 꿈 역시 호락호락하지 않았다. 아름다운 정서적 표출보다는 하고픈 얘기의 성급한 설명이 앞섰다. 문학적 소양에 더 많은 수혈을 받아야만 했다. 그래도 포기하지 않고 끝까지 이 길을 걸으면 언제인가 꿈이 이루어진다는 믿음이 있었기에 오늘날까지 계속 걸어올 수 있었다.

그리고 얼마 후 제3시집 『그리운 흔적만으로도 머물고 싶은 자리』에는 70편의 시를 수록하였다. 나름대로 조금 깊은 인간애를 성찰하는 자세로 쓴 시집이다. 무엇인가 알 것 같고 보일 것 같은 인간세계의 정서를 찾아 조용히 노래했다.

나는 시인이 시를 쓰는 일은 구도자가 깨달음을 얻는 일과 별반 다르지 않다고 생각한다. 나의 머리와 가슴에 맑은 시정과 영혼의 정수가 행간마다 자리매김할 때, 진정 도의 길을 걷는 구도자의 자세가 된다. 그러나 나는 아직 내 시에 독창적 개안開眼을 완전히 열지 못했다.

나의 시 정신을 굳이 한 단어로 말하라면 인본주의다. 그리고 서정시다. 내가 시를 쓰는 목적은 고비사막처럼 메말라가는 서정세계를 조금이나마 되살려 우리 영혼에 정적 생명력을 불어넣고 싶어서다, 또 아픈 상처들을 위무하고픈 욕심에서다. 특히 현대는 인간다운 향기들을 많이 잃어가고 있다. 그를 온전히 되찾아 오롯이 갖기가 어려운 시대다. 세상은 날로 메말라 삭막해지고 있다. 이때일수록 서정의 정서가 절실히 필요하다고 생각한다.

나는 그간 종합문예지, 시전문지, 동인지, 시집 등을 통하여 3백여 편의 시를 발표했다. 내가 시를 읽고, 쓰는 수행은 내 삶의 정신적 위안이고, 즐거움이고 축복이었다. 가끔 시가 내 삶에 족쇄가 되어 구속하며 고통을 동반하기도 했다. 그래도 내 시가 나를 비롯하여 누군가에겐 위안과 기쁨을 줄 수 있으리란 믿음이 있었기에 부단히 써왔고 앞으로도 이 수행은 계속될 일이다.

가끔 뜬금없는 시상들이 내 곁에 찾아와, 남들이 생각하지 않은 일상이 나한테는 한 편의 시로 다가왔다. 나는 그런 점이 좋았다. 앞으로도 시작 활동에 땀을 흠뻑 흘리리라 다짐한다. 또한 삶의 보람과 함께 시흥으로 인한 행복감을 조금이나마 독자들과 함께 나누고 싶다.

나는 오늘도 좋은 시를 쓸 수 있다는 신념 아래 시를 쓴다. 그래서 내 시 밭에 씨앗들을 총총히 뿌려 부지런히 가꾸고자 한다. 누군가의 목마른 영혼들에게 서정의 갈증을 달래드리고 싶다.

절대로 굴복하지 마라

두꺼비와 뱀이 서로 마주보고 죽기 살기로 독을 뿜는다.

죽음의 위기를 마주한 두꺼비와 뱀이 처절하게 다투는 한 장면을 본다. 뱀이 두꺼비를 잡아먹으려 하자 두꺼비는 좌절하지 않고 혼신을 다해 독을 뿜는다. 두꺼비는 절대로 굴복하지 않는 길이 자신이 살 길임을 알고 있다. 그래서 그는 뱀과 처절하게 싸워 결국 살아남는다.

이는 살겠다는 의지가 남달라 독한 마음을 품고 최선을 다하면 어떤 어려움도 극복할 수 있음을 역설적으로 보여주는 일면이다.

이순신 장군은 임진왜란 때 원균의 패전으로 수군이 전의를 상실했을 때 겨우 12척의 배로 수많은 왜군과 싸웠다. 아무도 승산이 없다고 했다. 그런데 수백 척의 왜군과 싸워 이겼다. 이길 수 있다는 강한 의지가 전술적 지혜를 낳았고, 그 지혜가 승리의 길을 열었다.

한편, 나폴레옹은 로마를 정벌하기 위해 알프스 산을 넘으려 할 때 많은 사람들이 미친 짓이라며 반대했다. 그러나 '나에게 불가능은 없다'는 말로 정복의 의지를 불태웠다. 그런데 로마인은 높고 험악한 저 알프스 산을 넘어 적군이 감히 쳐들어올 줄은 꿈에도 생각하지 못했다. 그러나 나폴레옹 군사들은 그 예상을 뒤엎고 험준한 알프스 산을 넘어 기어코 로마를 정복했다.

비록 절망적 상황에 놓일지언정 굴복하지 않고 극복하고자 하는 의지가 강하다면 얼마든지 이겨내어진다. 이런 일은 동서고금의 역사 속에서도 쉽게 찾아진다.

영국 방송국에서 가장 위대한 영국인을 뽑았을 때, 셰익스피어와 뉴턴을 제치고 1위를 차지한 이는 처칠이었다. 처칠은 2차 세계대전 때 자신의 모교를 찾아가 연설할 때, "절대로 굴복하지 마라"고 외쳤다. 이 말이 전 영국인에게 큰 희망의 메시지가 되었다. 그로 영국 국민은 좌절감에서 깨어나 투쟁의 독기를 품고 온 국민이 일어났다.

우리의 삶 앞에는 갖가지 시련과 고난들이 즐비하다. 이는 모든 생명체가 피할 수 없는 운명적 고통인지 모른다. 더욱 비극적인 것은 현실 극복의지가 없고 희망이 없다고 생각하는 좌절감이다. 대개 성공한 사람들의 무기는 언제나 시련과 고난 속에서도 희망의 꿈을 놓지 않고 도전해온 집념의 의지다.

어쩌면 쉽게 자포자기自暴自棄하는 일은 자신을 무장해제시켜 아무 곳에나 던져버리는 어리석은 짓이다. 자살 또한 자신에 대한 무책임한 범죄다. 우리의 삶에는 여러 시련과 고난이 수시로 찾아오기 마련이다. 그게 삶이다. 때로는 실패하기도 하고 성공하기도 한다. 비록 실패를 하더라도 좌절하지 않고 다시 일어서겠다는 강한 의지를 품고 있다면 결코 실패가 아니다. 인생은 항상 미완성으로 진행형이다.

언젠가 봄은 오기 마련이다. 좌절하면 오는 봄을 맞을 수 없다. 삶은 절대로 굴복해서도, 좌절하고 포기해서도 안 된다. 처칠의 이런 신념이 영국민의 온 가슴에 깊이 새겨져 다시 영국을 살린 교훈은 새김질해 볼 일이다.

영국의 세익스피어는 '인생은 백 번 실패를 하고, 백 번 후회를 하고, 좌절을 해봐야 올바른 인생이 된다.'라고 했다. 그렇다. 일생을 살아가면서 후회와 좌절과 실패의 바람에 고통을 당하지 않은 삶이 어디 있으랴. 후회와 실패와 좌절은 보다 단단한 사람으로 또는 더 나은 삶의 길로 나아가기 위하여 밟아가는 성숙의 계단일 뿐이다.

인생 도전의 삶에는 헛된 시간이 없다. 행여 실패하더라도 그 속에는 언제나 성공의 답도 함께 한다. 그 답을 찾아야 한다. 실패에 좌절하면 영원한 실패가 된다. 그러나 실패해도 꼭 극복하겠다는 의지를 가진 자는 미래가 달라지기 마련이다.

어쩌면 우리의 삶에 현실적 시련과 고난이 자신의 잠재된 강한 독기를 찾는 귀한 기회인지 모른다. 모든 삶은 가치 있는 일이다. 또 생은 존엄하고 고귀한 신이 내린 선물이다. 당당하게 살아갈 의무와 권리가 누구에게나 잔존한다. 그래서 스스로 굴복하거나 포기하는 비겁자에게는 하늘도 손을 내밀지 않는 법이라 한다.

어디서 환청이 들려온다. '절대로 좌절하지 마라.' '절대로 굴복하지 마라.' '당신은 할 수 있다.' '다시 일어나 도전하라 당신의 봄은 온다.' 나는 이 주문을 읊조리면서 희망이란 단어를 안고 오늘을 살아간다.

데카르트,
강물은 제대로 흐르고 있는가

인 쇄 2017년 11월 27일
발 행 2017년 12월 5일

저 자 박 행 일
발행인 孫光春
인쇄처 圖書出版 修書院
발행처 서울특별시 성북구 삼선교로2길 7-3
TEL. 765-0924~5, FAX. 765-0927
E-mail suseowon@hanmail.net
등 록 1971.12.9. No.2-282

ISBN / 978-89-6798-045-0

〈정가 15,000원〉